Natui Kunio
夏井 邦男

北海道「古語」伝承

無明舎出版

北海道「古語」伝承◉目次

北海道「古語」伝承

はじめに

本書は平成十三年六月に上梓した『北海道「古語」探訪』（無明社出版）の続編である。北海道に伝えられた古語（かつての中央語）を通して北海道語の特色を探ろうと試みたものである。その営みからは日本語の特質であるさまざまな興味深い姿もみえてくる。

北海道の内陸部の都市から函館にやって来る大学生は、自分たちの話すことばが方言だと気づかないようである。また、札幌に住んでいる人々も方言に対する意識が希薄になっている、という調査報告もある。

こうしたことは明治以降の開拓者や移住者によって、短期間に新たな共通語が誕生したという北海道の歴史の浅いことに起因するのだろう。しかし、鎌倉時代の道南地方では、アイヌの人々に混じって東北の北部などから渡来した和人が社会生活を営み、商品流通が高度に発達していたことは、歴史学者の認めるところである。

『諏訪《すわ》大明神絵詞』（十四世紀中頃）によれば、そこで話されていたことばは粗野であるが、大半は関東以北と相通じると記している。これこそ海岸方言、つまり道南の「浜ことば」のいわば祖であり、今でも根強く生き続け、内陸のことばに影響を与えている。

たとえば、大学生がよく用いる「ワヤ（めちゃくちゃだ）」も、本来は上方語であったが、最近、函館の学生はすごくいい意味にも使い始め、全道的に広まっている。これは「ヤバイ」などと同様、誤解というレベルを超えたこうした新しい用法には、学生同士でも意味の判別に戸惑うことがよくあるという。

また、他府県や内陸出身の大学生が、函館で生活するようになって覚えることばの一つに「ウダデ（とても）」がある。この語は古く『万葉集』や『源氏物語』などに「ウタテ」の形で用いられており、意味も「いやだ、困ったことに」といった嘆く気持ちを表していた。

このようにかつて文化の中心地で使われていた語が、激しい歴史の風雪に耐えて、東北を経由して伝播する過程で濁音化した語形を生むことになった。そして新しい意味・用法を生み出しながら今日まで生き続けて来た。ことばというものはまさしく生き物なのである。

そうしたことばというものを大切にすることは生き物・人間を大切にすることであり、また、ことばに興味・関心を抱くことは、言語生活を豊かに楽しむことにほかならないと考えている。

北海道に伝えられた古いことばを通して、日本語の繊細さとすばらしさ、そして面白さを再発見していただければ幸いである。

なぜ市民権を得たか

「右利き」を意味する方言語彙を探してもみつからないのは、何故なのだろうか。この素朴な疑問について考えてみることにしよう。

その前にミギリという語が一時期用いられたという事実がある。方言として青森（南部）、岩手、秋田、山形などに分布し、これが北海道にも伝えられることになった。

文献に登場するのは鎌倉時代の辞書『名語記』が最初である。話しことばとしては、もう少しさかのぼった時代に存在したことになるのだろう。この辞書は当時の通用語を取り上げ、問答の形式でその語源の説明を加えている。ミギリについては、

・「左右の右はミキ也　ソレヲミキリトイヘリ如何」

などのような問いを発していることから、当時、疑問に思われていたのだろう。

この語はヒダリの語形への類推から、ミギというすでにあった語にリを添えることによってできたものである。

類推という現象によって新たに語が作られるのは古くからのことである。たとえば、古典語の

助動詞マホ（欲）シは「～たい」という希望の意味を表していた。平安時代の中頃、このマホシに対立する否定形としてマウ（憂）シが「～のがいやだ」の意を表す語として誕生することになったのは、その代表的なものといえるだろう。

このことを方言にも当てはめて考えることができそうである。共通語の形容動詞の場合、連体形「静かな」、終止形「静かだ」のように活用語尾がナ行とダ行とにまたがっていることから、北海道では仮定形ナラをダラという人がいる。そして助詞バを用いずにいうのである。つまり、「静かダラよく釣れる」という言い方をする。これは道南の浜ことば以来の独特な活用であると考えられてきた。

しかし、このルーツは北奥（青森・岩手・秋田）方言にもある。ここでは「静かな町」が類推作用によって「静かだ町」に統一され、バ、ドモを付けて条件を示すときも「静かダバ」、「静かダドモ」というのである。やはり、北海道に特有の言い方をいい当てることは難しい。

ことばを考えるときに類推は便利であるが、勿論、応用できないこともある。「もらい泣き」というのだから、「もらい笑い」といってもよさそうなのにいわない。また、「男まさり」や「ドラ息子」とはいっても、「女まさり」、「ドラ娘」などとは普通いわない。類推の範囲を超えているものも少なくないのである。

さて、「左利き」といえば、好んで酒を飲む人を意味する場合がある。これは金鉱を掘る人は右手に槌《つち》をもち、鑿《のみ》を左手にもって作業をしたことから、ノミ手を飲み手にかけたとする考え方によるものである。

ここで取り上げるヒダリキキは、酒飲みのことではなく、文字通り左手のほうがよく利く人のことである。このことを表わす語は、東北地方に限っても実に多種多彩である。北海道ではヒダリギッチョ、ヒダリチョッケ、ヒダリコギなどが広く用いられたが、ヒダリバチは道南の浜ことばとして、津軽を経由して伝えられることになった。おなじ青森でも南部ではヒダリコギを用いるので、ここに対応関係を認めることができる。これらの語のなかで略語としてはギッチョ、チョッケの形がある。

チョッケの古い用例は文献にはみられないようである。（ヒダリ）ギッチョのほうは、江戸の雑俳や東北の方言集に、

・つと出のお竹・人の見ぬ時キャぎっちょ也〈太箸集・四〉

・ひだりこぎ　田舎にては左びんがい　ひだりぎちょ〈仙台浜荻〉

などのようにあることから、比較的古い江戸語であったことがわかる。

ひと頃、「左利き」の幼児をギッチョなどと称して、小学校に入学する前に箸や鉛筆の持ち方を口やかましく注意し、「右利き」に矯正しようとした時期があった。

このことについて、武士の時代における日本刀は、左の腰に差して右手で抜くように作られてい

ることに由来する、という考え方もある。こうして「右利き」の文化が伝統的にしばらくのあいだ続くことになるのである。

そういえば、函館にゆかりの作家、林不忘（長谷川海太郎）の時代小説に登場する丹下左膳は左腕だけで大活躍する異色の剣士であった。何度も映画化され、個性的な俳優の演技が人気を博したことは、中高年層にとって記憶になつかしい。

「左利き」が重宝されるようになるのは、スポーツの世界によるところが大きいだろう。特に、野球では左バッターは内野安打になる確率が高く、有利であることがわかると、「左利き」になるための特訓が盛んに行われるようになった。その結果、左右両方で構える打者・スイッチヒッターなる器用な選手も誕生するようになったのである。

さらには、昭和四十八年頃に、アイドルだった麻丘めぐみの『わたしの彼は左きき』という歌が大ヒットしたことも、「左利き」が市民権を得ることに拍車をかけたように思われる。その歌詞のなかに、

・あなたの真似してみるけれど　私の右きき直せない　♪

などとあるように、利き手を直すのは難しいことである。

従って、「右利き」の人が左手で文字などを書いたりすれば、誰が書いたのか解らない筆蹟になってしまう。くれぐれも悪用はなさらないように！

雨の日は、好き？ 嫌い？

日本語には「東のことば」と「西のことば」という対立の関係がある。その一方、日本のすみずみまで使われていることばもある。ごく基本的なもので、「花」「木」「石」「水」などであり、ここに取り上げる「雨」もその一つである。

日本は雨の多く降る国である。従って、サミダレ、シグレ、ミゾレ、ユウダチ、コサメなど雨に関する名が多い。そして、サミダレとツユとは共に雨についての語であるが、前者は雨そのものをさすことからヤンダといい、後者はサミダレの降る時期をいうのでアケタといい、細かい使い分けをしている。

津軽地方で晴れたり、降ったりして人をだます「ダマシ雨」の名称を十五種類・八つの系統に分類したのは松木明氏であった。それを示すと次のようである。

・ダマガシアメ、オデンキアメ、シデリアメ（日照雨）、シナダメ（日向雨）、シアメ（日雨）、シグレコ（時雨）・シウリアメ（日和雨）、チャカシアメ・ランキアメ・バガアメ・ナゲズラアメ（泣面雨）

つまり、天候が日常の生活に大きな関わりをもっていたたことから、このようにくわしく言い分け、語彙も多くなったのだろう。北海道では雨に関する古い語は思いのほか少なく、カンダジ（夕立）、アマモヨ（雨の降りそうな天気）ぐらいのものであろう。ちなみに、ダマシアメといえば、「夕立」のことである。

雨がよく降ることから、ニュース番組の後には天気予報がある。最近、気になるのは「雨模様《あまもよう》」を「雨が降っている状態」と勘違いしているキャスターに遭遇？するようになったことである。

ところで、あなたは雨の日は好きですか、と聞かれたらどう答えるだろうか。職業によってその答えは異なるだろうが、平安時代の貴族は雨をひどく恐れたという。その理由は服装にある。当時の衣服は当然、縫ってはあるのだが、糊《のり》を付けて艶《つや》を出していたことから、雨に濡れるとたちどころにはがれて、見る影もなくなってしまう。また、染色も水滴のために色が落ちたり、ほかの物に色が移ってしまうのである。これではお洒落な大宮人もたまったものではなかったはず。しかし、あの清少納言は、雨の音を胸がときめくものとして取りあげている。

・こころときめきするもの、……待つ人などのある夜、**雨の音**、風の吹きゆるがすも、ふとおどろかる。〈枕草子・第二九段〉

雨の降る音、あるいは風の吹き揺るがす音に、恋人が訪ねて来たのか、夫がやって来たのか、と胸をおどらせて待つている女性らしい感情を巧みに表現している。

『源氏物語』の「帚木」の巻にも雨というものが大切な働きを担っている場面がある。五月雨の降り続く宵、光源氏の宿直所《とのいどころ》に暇をもてあました親友たちが押しかけてきて、妻とするべき女の選定の難しさについて語り合う。これが世にいう「雨夜の品定め」であり、妻選び論は一千年の時空を超えた現代にもあてはまりうる普遍性をもっている。構想上、光源氏が中流階級の女の魅力に関心を抱くきっかけとなり、空蟬《うつせみ》や夕顔物語が展開していくことになる。

雨についての考えは、後世にも受け継がれているようである。例えば、帰って行こうとする愛《いと》しい人を、まるで引き止めるかのように降り出した雨のことをヤラズノアメという。これは露骨に泣きすがったりはせずに、いかにも日本人らしい慎ましやかな惜別の心を表している。

また、コヌカアメ（小糠雨）には「来ぬか」の意味を掛けて用いた歌謡曲も少なくはない。

・あなたを待てば　雨が降る　ぬれて来ぬかと　気にかかる　♪

と歌った低音の魅力、フランク永井の『有楽町で逢いましょう』は、有楽町という街を一躍デイトスポットに変えてしまうことになった。

最後に一般的な雨の読み方を問題にしてみよう。春雨はハルアメ、霧雨はキリアメ、小雨はコアメではない。ハルサメ、キリサメ、コサメであることは言うまでもない。これらをローマ字で書いてみると、harusame kirisame kosame などのように、子音の s 音が母音と母音の連続する間にそれぞれ挿入され、発音しやすいようになっている。しかし、なぜ s 音が選ばれることになったのか、研究者の専門的な知識を結集しても、いまだに解明できない謎なのである。

ハハ（母）はパパだった

道南の浜ことばのカガ（母、妻）は古語のカカで、本来は母の意味を表わしていた。室町時代の狂言などでは、トト（父）の対義語として用いられている。

慶長八年（一六〇三年）イエズス会の宣教師たちが編纂した『日葡辞書』には、「カカ　これは子供のことばである。また、尊敬すべき婦人、あるいは、年長で一家の主婦のような婦人の意に取られる」とある。式亭三馬の『浮世風呂』では、「妻」を意味する語として、「女房」「山の神」と並んで「かかア」や「かか」が用いられている。『仙台浜荻』にも「田舎の者ハ女房の事をからかってかゝあといへり」とあり、現代の「カカァ天下」ということばと同じ流れを感じる。主として、この語も子供が母親を敬い親しんで呼ぶ称であったが、時代と共に次第に敬意が失われたものと考えられる。

また、カカとカカァの違いについては、江戸末期の随筆『守貞漫稿』に、

・己が妻を京坂にてかかと云、江戸にてかかあと云。

などとある。関西語のカカに対して、関東語のカカアという地域差のあったことがわかる。

子どもというものは、両親にかけられた「ナゾ（謎）」を生涯をかけて解くようなものだ、といった作家がいる。ナゾナゾ遊びは文学に対する興味や関心を抱く萌芽を育てることにつながるようである。

平安時代にも、「なぞなぞ合わせ」「なぞなぞ語り」「なぞなぞ物語」などがあり、貴族の間でも盛んであった。

『徒然草』に記されている言語遊戯による謎めいた次の歌も有名である。

・ふたつ文字　牛の角文字　直《す》ぐな文字　歪《ゆが》み文字とぞ　君は覚ゆる〈第六二段〉

幼かった悦子内親王が父である後嵯峨上皇に、ふたつ文字＝こ、牛の角文字＝い、直ぐな文字＝し、歪み文字＝く　というように、「こいしく」（なつかしく）てお会いしたいとの思慕の気持ちを歌にして、御所へ参上する人に託したのである。

室町時代、御奈良院が撰録した『何曽《なぞ》』というナゾナゾ集には、約二百の謎を収めている。そのなかに、日本語の歴史上、特に注目されているのは次の二つである。

・やぶれ蚊帳　かいる。

破れている蚊帳《かや》からは、蚊入る＝蛙で、ここから当時、「蛙」の俗語的な語形はカイルであったことが理解される。また、

・母には二たびあひたれども、父には一度もあはず　くちびる。

という謎もある。これは母には二回あうけれど、父には一度もあわないものはナンダ?というのである。この答がなぜ「唇」なのか、江戸時代以来、この謎解きが試みられてきたが、長い時間が費やされることになる。

先に挙げた『日葡辞書』に着目してみよう。この辞書はポルトガル式のローマ字綴りで日本語をアルファベット順に配列し、それに語義解説を加えている。「カカ」の項目に「Faua」と記している。このことは当時、「ハハ」が「ファファ(fafa)」のように、上と下の唇が二回「あう」ようにして発音されていた事実を知ることになる。つまり、室町時代にはハ行音が両唇音《りようしんおん》の「ファ、フィ、フ、フェ、フォ」であったという音韻の歴史的事実を示すものとなっている。

このハ行子音の歴史をさらにさかのぼれば、日本人がまだ文字をもたなかった原始日本語の時代には、P音、つまりパ・ピ・プ・ペ・ポであったと推定されている。沖縄方言の一部に「花」を「パナ」と発音するのは、その名残りであることなどを論拠としている。

従って、ハハ(母)は本来、パパだったということになる。だからといって、チチ(父)のことをママと呼んだわけではない。

絶滅してしまうのか

共通語と語形は同じであるが、意味・内容が異なっている単語の一つにコワイがある。このコワイは一般には「恐ろしい」の意味で使われているが、全国各地では「固い」「疲れた」「痛い」「恥ずかしい」「苦しい」「気分が悪い」「厭わしい」などといった、さまざまなニュアンスを含んで用いられている。そのことから使いやすい反面、時と場面に応じて気持ちをくみ取らなければならないことになる。

疲れた意味のコワイは「強」字を当て、「つよい、かたい」の意から進んで「かたくるしい」となり、さらに「たいぎである」となったと考えられ、「恐」と同じ語源とされる。このことを文献上に確かめることができそうである。

まず、『日葡辞書』に「コワイ（強い）固くてこわばったものまた、比喩、骨の折れるもの、あるいは、苦痛の種になるもの、恐怖を感じさせるもの」とある。この語義解説には、「疲れた」と「恐ろしい」との意味の接点が認められる。

また、この語を疲労感を表わす語として用いる北関東以北では、恐ろしさをいうコワイと衝突した結果、意味的な混乱を避けるために、江戸後期以降、新たにオッカナイ及び、それに類した語を使うようになったのである。たとえば、『御国通辞』に江戸語「こわがって」に対して、盛岡語「おかながって」とあることがその証となる。

この同音語を和歌、落語、漫才などではしゃれや掛詞に用い、表現技法の一つとして利用している。一方、同音衝突という現象は、新しい語を生み出す要因にもなっている。類似した例として、茨城から青森に至る広い地域では、「イ」と「エ」の混同がなされている。「灰」はハエで「蝿」と区別するために、東北地方ではアクと言うようになり、北海道もその影響を受ける形で伝えられた。これらの地域ではせっかくの色男もエロオドゴになってしまうのである。

江戸時代、コワイの用法は道南では、どうであったのだろうか。そのことを知るにはやはり『松前方言考』が参考になる。ここには「コハイ」は山坂の道を越えたり、或は精力を尽くして働いた時に云うことばであり、これは「古きよりの言葉」が伝えられたものだ、と記している。さらに、「をそろしきのコワイ」についても、どうして松前（函館）の人が知らないはずがあるだろうか、といった解説もみられる。当時、コワイが「疲れた」と「恐ろしい」の両義をもって使われていたことが注目される。

順序が前後してしまったが、さかのぼって古い例をみることにしよう。『竹取物語』のなかに次のような文がある。

・「くちおしく、このおさなきものは、こはくはべるものにて、対面すまじき」〈御門の求婚〉（残念なことにこの幼い娘は、頑固でございまして、お目にはかかりますまい）。

これは帝の使者にどうあっても会おうとはしないかぐや姫のことを、育ての親が「強情な」娘でして、といい訳をしている場面である。

また、『源氏物語』では新斎院の禊《みそ》ぎ見物の折、光源氏の正妻である葵の上が乗った牛車と争った六条御息所《みやすどころ》の牛車のお供の者をクチゴハシ（人と言い争っても負けていないさま）と表現している。この事件で葵の上の従者に車を壊され辱められた、自尊心の強い彼女の生霊《いきりよう》はやがて懐妊した葵の上にとりついて、殺すことになるのである。

更に、紫の上にとって妻の座をおびやかす存在であった前斎院《さきのさいいん》・朝顔のことをココロゴハキモノ（強情な性格だ）の語を用いている。最後まで光源氏になびかなかった彼女の心強さには、作者の理性が反映していると考えられている。

このように平安時代には、性格や行動上の強情さ、頑固であるさまを意味する例が多い。

コワイものといえば、昔から「地震、雷、火事、親父《おやじ》」であった。地震や雷や火事はいうまでもなく、親父さまという存在は大変、コワイものであった。そのコワサに耐え忍び、乗り越えようと努力することで、なんとか大人の仲間入りがはたせたのだと思う。はたして、今の若い世代にとって親父さまはどんな存在なのであろうか。我が家の大黒柱は母親だと答える大学生もいる。父親がまるで兄弟や友達でもあるかのように振る舞っている姿は、はた目には何ともほほえましいものである。だが、その子がやがてそのまま社会から大人扱いされると、おのれのすること、なすことはすべて正しいと思うようになる、これが狐狸庵先生こと遠藤周作氏の持論である。人類の歴史は子ども世代が親の世代を乗り越えることによって発展してきたという一面がある。幼かった昔、約束事を守らなかったり、悪さをすれば物置に入れられたり、家の中に入れてもらえなかったり、ご飯を食べさせてもらえなかったものである。今は親が簡単に折れてしまうようである。

公共の場で騒ぎ立てる子どもを見てみぬふりをして、スマートフォンに夢中になっている親御さんが増えてしまったようだ。そのようにして育てられた子どもが、やがて成長したらどうなるのか、想像しただけでもコワイ。

父親は社会を代弁する厳しい存在であってほしいものである。自戒の念をこめて。

日本には絶滅してしまったものが三つあるという。オオカミ（狼）、ニホンカワウソ、演歌に出てくる酒場の女なのだそうだ。さまざまな要因が絡んで親父さんの権威が失墜《しっつい》してしまい、やがてはコワイ親父さんもこの仲間に加わってしまうことになるのだろうか。

もってのほか、何を食べたの

周知のように陰暦の九月九日を重陽の節句といい、菊の節句ともいう。菊は万病を避け、不老長寿の薬草として珍重されたことから、その歴史も古い。原産地は中国で、日本には奈良時代に遣唐使によってもたらされた。歌語として『万葉集』には登場せず、『古今集』になってから菊の音「キク」を漢語の形でそのまま用いている。いかに日本語化していたかがうかがわれる。

観賞用の菊の栽培は平安、鎌倉時代から始まっていた。「うつろふ花」として賞味され、後には「残菊」「枯れ菊」などもいわれ注目された。江戸時代になると庶民の間で本格的に普及し、新しい品種が次々に改良され、菊花展や菊祭りが各地で開催されるようになる。

およそ三十年前の某新聞によれば、いけ花や仏前花などに用いる三大切り花の一位が菊であった。ちなみに、二位はカーネーション、三位はバラとのこと。今はどうなっているのだろうか。

一方、食用菊が普及するようになるのは、江戸時代以降のことだといわれている。当時の料理本『料理綱目調味抄』に「菊花」は「わさびでさしみにする」と記されている。

『松前方言考』の「キギク」の項目にも、およそ次のような解説がみられる。

・庭園に植えて鑑賞する菊花ではない。郊外に植えた花を六、七月に摘みとって売り歩くのである。花は黄色で花びらはもろくてやわらかく、これをわかした湯にひたして酢醤油をまぜて食べる。酒飲みがもっとも珍重するものである。

先日、あるテレビ局が道内での食用菊の栽培は珍しいことを放映していた。しかし、江戸末期の箱館では、すでにキギクを食していたのである。アゲダシ（鮭の天婦羅）やウヲ（鮭）ノスシなどと並んで酒の肴として重宝していた。

また、著者である蛯子吉蔵は「いまだ何菊といふその名を聞かず」として、売り歩く者が「黄菊、黄菊」と呼び回る、とも記している。品種名ではなく、黄色い花の咲く菊を総称していたのである。

江戸時代、寿司のひかりもの（コハダ）になるコノシロは、焼くと屍臭《ししゅう》がするというので嫌われ、さまざまな俗信がある。ことに武士階級は「この城を食う」のはけしからんと忌みきらって、この魚を「腹切魚」と称して、ふだんは食べない習慣があった、といわれている。

菊の食文化が根付いている東北地方では、菊はさまざまな俗称で呼ばれている。たとえば、「もってのほか」もその一つであり、「もって」「もって菊」なども含まれる。これについては

「おもってのほか（思外）おいしい」ことに由来する、という考え方がある。

しかし、後鳥羽上皇が菊花の模様を好んで使用されたことから、やがて皇室の紋章となるに至った、といわれている。その菊を庶民が食べるとは、とんでもない、けしからぬといった意味を込めて「もってのほか」と称した、と考えるほうが説得力があるようだ。

これは数年前、青森市の路上で「もってのほか」という名札を付けて、パック詰めされた黄菊を売っていたオバチャンの説明とも一致する。


秋には九州の各地でもみごとな菊花展が開催されるようであるが、菊を食べる習慣はなさそうである。昨年、大分県の国東《くにさき》半島を周遊した際、昼食をとった食堂のご亭主に尋ねてみるとやはり食べる習慣はないという。そこへ厨房からわざわざ姿を現した女将さんが、幼い頃はよく食べました、といかにも懐かしそうに話しかけてくれた。なんと本場、山形の生まれなのだという。

その山形ではさまざまな品種の食用菊がハウスで栽培されている。なかでも横綱と評されているのが、淡い紫色の花びらの美しい菊で、これこそが「もってのほか」なのだそうだ。

ぜひ幻の日本酒（十四代）の肴として、旬の時期に酢の物や天婦羅を味わってみたいものである。

鯨と似て非なるもの

昔々、じめじめと湿った不潔な所を好むナメクジが、その姿を見せると、塩をかけてよく遊んだものだった。体内の水分を多量に失って、次第に縮んでいく様子を眺めているのが子ども心にとても面白かった。最近では目にすることがなくなったと思っていたら、体長十〜二十センチもある大型の外来種マダラコウラナメクジなるものが札幌を中心に分布を広げているという。

かの清少納言も、

・いみじうきたなきもの　なめくぢ〈枕草子・第二六三段〉

などのように、ナメクジをとても汚いものの代表として挙げている。彼女は宮中のどんな場所でナメクジを見たのか、残念ながら記してはいないが、ほぼ同時代の『源氏物語』の世界では、取り上げられることのなかったものである。ともあれいつの時代になっても触れるのも嫌な、あの得体の知れない軟体動物に対するマイナスの評価は変わらない。

ところで、奈良時代から現代に至るまでナメクジには、中央語に語形の変化がみられないという特徴がある。この語の語源については諸説がある。ナメはナメ（滑）ラカのナメと同じであり、クジは穴をあける意の動詞クジルからきたもので、どんなすき間にも入り込むところから名付けられたとするのが一般的であった。道南に伝えられた浜ことばのナメクジリもそれである。

しかし、平安時代の京都のアクセントがナメクジのナメと「滑」のナメとでは異なっていたことから、これらは別の語であったとする考え方も注目されている。当時のアクセント体系からすれば、ナメは粘液を混ぜた下痢便を意味する「白痢　ナメ」〈名義抄〉と共通する。クヂのほうも『新撰字鏡』に「蝓　奈女久豆」とあり、クヂとクヅは同じ語で、「腐る、崩れる」などの意を表わしていたと考えられる。

その姿をとどめないほどに変形した腐乱状態のものに見立てて、ナメクヂと命名されたものではなかろうか、というのである。このように考えると、清少納言が「きたなきもの」の例に取りあげたことも納得される。

こうした語源が人々から忘れ去られてしまうと、「鯨」との形体上の類似から、庶民の話しことばの世界ではナメクジラが発生し、それが京都を中心とする地域から、その周辺に爆発的に広まって行った。あのちっぽけなナメクジを鯨に見立てた、何ともスケールの大きなたとえである。この語は東北の各地に伝播し、そこを経由して道南にも伝えられることになった。たとえば、『荘内浜荻』には、

・なめぐじヲ　なめくじら

などのように記している。庄内語はナメクジラだが、江戸語ではナメクジが通用するというのである。

ただし、松前などでは鰊が海岸に寄ってくるのは鯨に追われるからだと考え、海の神として鯨をエビスと呼んでいた経緯もある。

本来、ナメクジとカタツムリ（蝸牛）とは区別されることはなく、同じ語形であるナメクジと称していた。やがてこの両者を呼び分ける必要性が生じたのであろう。ナメクジを殻のないという意を付けて、ハダカナメクジなどと呼ぶ地域もある。津軽がその代表格であるが、北海道では定着することはなかった。

ちなみに、イエカズキ（石川）・イエモチ（滋賀）・イエカルイ（大分）などは、カタツムリをナメクジが家を背負っている姿に見立てた発想による命名である。これらもかつてはナメクジとカタツムリとを区別しなかったことを示唆するものになっている。

文明開化の象徴ともいえるヒゲのなかに、「蝸牛髯」という漢字表記をもつものがあった。これは文字通りにはカタツムリヒゲと読まれるはずであるのに、ナメクジヒゲなのだそうだ。その理由はナメクジのように伸び縮みすることから名付けられたとのこと。

当時、世のご婦人たちはどんな思いでナメクジヒゲなるものを眺めていたのだろうか、とても気になるところである。

あゝ、女の勘違い

恋の百科事典ともいわれている『伊勢物語』のなかに、陸奥《みちのく》の女の恋物語が描かれている。都がいやになり、あてもなくやって来た男（在原業平）に恋をして、いちずな歌を詠んでやる。その歌までもが田舎くさかったが、男は気の毒に思って女に逢うのだが、夜更けには帰ってしまった。そこで女は男の真意が理解できずに、次のような歌を詠むのである。

・夜も明けばきつにはめなでくたかけのまだきに鳴きてせなをやりつる〈第一四段〉

平安時代の末期以降、右の「きつ」を「きつね（狐）」に解し、「はめなで」を「食わせてしまおう」と解釈する説が行われてきた。

これに対して、江戸時代に平田篤胤は郷里である秋田地方で丸木に穴をあけて作った「水槽」を「きつ」と呼んでいることを主張してから、水槽とする考え方が有力になった。これは古語の解釈に方言語彙を適用した初期のものとして注目されている。

従って、右の歌も「夜が明けたなら水槽にぶち込んでやろう。憎たらしい鶏めがまだ夜も明けないうちに鳴いて、いとしい人を帰してしまったことよ」といった意味になる。初めから男には女を思う気がなかったので、夜も明けないうちにさっさと帰ってしまった。女はそのことに気づかないで、鶏が鳴いたからだと勘違いしてしまったのである。しかし、愚かさのなかにも純粋な心をもった田舎の女が描かれている。

大学の一般教養で『伊勢物語』を鑑賞していたときに、受講生に三段謎に挑戦?してもらった。その中からいくつかをここに紹介してみよう。テーマは第一段、今でいう成人式を挙げたばかりの少年のかりそめの恋を描いた、つまり「初恋」である。

・初恋とかけて、「阪神タイガースが優勝した年」と解く。その心は「何時《いつ》だったか、忘れちゃった」〈二年・男子学生〉

あの熱狂的な阪神ファンには叱られてしまいそうだが、すなおで柔軟な発想がおもしろい。

・初恋とかけて、「無人島」と解く。その心は「木(気)があっても、家(言え)ない」〈一年・女子学生〉

テーマの初恋と無人島とがどう結びつくのか、連想しにくいところがなかなか上手だと思う。

・初恋とかけて、「遺跡の調査」と解く。その心は「ドキ(土器)、ドキ」〈一年・女子学生〉

これも掛詞を用いたものであるが、かつて純情な気持ちをもっていた頃を思い出させてくれる。

今、まさに問題になっている若者のコミュニケーション力もそうであるが、言語感覚は若いときにこそ磨いておきたいものである。ことば遊びは子どもたちが文学というものに興味を抱く萌芽《めばえ》でもある。大切に育てたいものである。

古いことばが中央から遠く離れた地域に、方言として残存するという事実については、江戸時代の儒者や国学者などによって気づかれていた。たとえば、本居宣長は、

・すべてゐなかには、いにしへの言《こと》のこれること多し。〈玉勝間〉

などのように、古い語は地方の「言」つまり、ことばに残ることをつとに指摘している。従って、方言は単なる田舎ことばなのではなく、歴史的に由緒あることばであるという言語認識をもつことによって、方言コンプレクスから解放されるはずである。

今日まで脈々として生き続け、日本人を育んできた方言を、かつての標準語教育のように否定し、撲滅《ぼくめつ》しようとすることは、すなわち地域性の否定を意味することにほかならない。

地方創生が叫ばれている今、東北では方言に関する各種のイベントがよりさかんに実施されるようになった。また、方言による命名、方言グッズ、方言ポスター・看板などが作られ、方言の活用も盛況になってきた。

このことは生まれ育った故郷のことばこそ、自分たちが生きるうえでのエネルギー源になっていることを実感したことの証であり、誠によろこばしいことである。

この風は、いい風？　悪い風？

一般に漁業を生業としている地域では、風位が漁労と密接に関係してくることから、その語彙もこと細かく言い分けられている。また、魚類の名や道具の名と同様、風の名も地域差が著しい。ここで取り上げるヤマセも地方によって、また、風位や季節によって異なるが、「山背」の漢字が当てられているように、本来は山を背にして吹いてくる風のことで、「山背風」ともいった。この風がいい風か、悪い風かということについても、地域によってかなり異なるようである。東北の太平洋側などでは、夏場にこの風が冷気をもたらすことで、冷害や凶作の原因になると恐れられている。これが後に船乗りには海が荒れる険悪な風とされるようになる。転じて女性のヒステリーに結び付けられ、機嫌の悪いときには「ヤマセ吹いてる」などというのである。

函館の西部地区にかつて山背泊とか山瀬止りと呼ばれた所があった。現在の入舟町のあたりである。函館山がヤマセをさえぎり、小船を停泊させるのに都合がよかったことから名付けられたのである。昭和四十年七月に住居表示が改められ、江戸時代から続いた歴史的な地名が消えてしまうことになった。

一方、日本海側では船の追い風として、出港するための好ましい風とする地域もある。江戸時代に幕府は帝政ロシアの南下阻止と蝦夷地を開拓する目的で、予備調査の探索を幕臣などに行わせている。その報告書ともいうべき紀行文、日記、随筆などの文献資料が少なからず北海道には残されている。その一つである児山紀成《こやまきせい》の『蝦夷日記』には、

・御船のつかさまゐりて云、**やませ**と云風ならては箱館へわたることかたし。〈上巻〉

などのように、下北半島の先端佐井から船で箱館へ向かう際に、ヤマセという風が吹くのを待っていた、と記されているのがその好例である。

また、菅江真澄の『外が浜風』にも、真澄が聞いた青森の人の話に、「龍飛岬から松前へ渡るには**くだり**という風で船出す」とある。これは下り風の省略形であるが、古くから北海道と交流の深かった青森の野辺地方言などのクダリヤマセとも関連性がありそうである。

『江差追分』の歌詞（本唄）のなかに、

・**山背風**　別れの風だよ　あきらめしゃんせ　いつまた逢うやら　逢わぬやら　♪

などとあるのは、この風が出船によるいとしい人との離別の風として受け継がれていることを知るのである。

平成十四年十二月、東北新幹線の八戸開業による列車の愛称が「はやて」である。この愛称の決定をめぐっては、賛否両論が展開されたという。ハヤテは古く疫痢の異称であったり、旧日本陸軍の戦闘機の通称であったところから、悪い印象を与えるというのが反対する側の意見であったようだ。ちなみに北海道新幹線の列車の名称は、ハヤブサに決まった。ハヤブサも旧日本陸軍の戦闘機の通称であった。盗人仲間の隠語では刑事《デカ》を意味する。北海道では問題にならなかったようである。県民性の違いなのだろうか。

これは余計なことを書いてしまったが、ハヤブサは高いところからみつけた獲物を急降下して捕らえる習性をもち、鷹狩りに使われる優れた鳥である。北海道と本州とを結んで、地方の活性化の起爆剤となることが大いに期待される。

さて、話をハヤテに戻すことにしよう。

『枕草子』の作者が「名おそろしきもの」として取り上げている「はやち」は、このハヤテの古い形で、急に強く吹く風のこと、つまり暴風を恐れていたのは今となんら変わらない。

しかし、本質的に日本人は風が大好きなようである。さまざまなタイトルに用いられてきた。宮沢賢治の『風の又三郎』は郷土色豊かな作品である。村上春樹氏のデビュー作は『風の歌を聴け』であった。宮崎駿氏のアニメ『風立ちぬ』も好評であった。新井満氏の『千の風になって』

も大ヒットした曲である。

さかのぼっては、いまだにその実体の解明できない部分を残した謎の女性、額田王の次の歌も有名である。

・君待つと　わが恋ひをれば　わが屋戸の　すだれ動かし　**秋の風吹く**［秋風吹］〈万葉集・四・四八八〉（わが君・天智天皇をお待ちして恋しく思っていると、私の家のすだれを動かして秋の風が吹いて来ることだ）。

すだれを動かす秋風とともにゆらぐ、人待つ心をもった繊細で優雅な佳人がそこにいる。風に忍び寄るいとしい男性の気配を感じているかのようである。

後世、風の吹いてくることを、人の訪れてくることにたとえて「かぜの訪れ」という。謡曲などにみられるから比較的古い語である。また、風という使者、風を人格化して「かぜの便り」、「かぜの伝《つて》」などという。こうした風に対する民間信仰は、風が好きであった証といってよいだろう。

ところが、今の人々の暮らし方は風という自然を拒否しているようにも思われる。ビルも住居も風を防いでしまっている。時に大陸からの大気汚染も心配しなければならなくなった。

古くは『源氏物語』にも用いられている「風の便り」などという、実に素敵なことばまでもが、やがて忘れられてしまうとしたら、とても残念なことである。

お粗末な食事だな

幼かった頃、家族の誰かの茶碗に茶柱が立つと誇らしげに自慢したことを思い出す。たかが番茶のちっぽけな葉茎が、偶然立つか立たないかで、吉祥の有無を判断したのである。まことに簡潔で明瞭な縁起かつぎであった。今日ではコーヒーを立てる家庭が増え、この茶柱も忘れられてしまったのではないだろうか。

「茶」は鎌倉時代の初めに中国から禅宗の僧侶が持ち帰ったのが始まりである、という説がある。京都の栂尾《とがのお》にある世界遺産の高山寺といえば開祖は明恵上人であり、鳥獣人物戯画でも有名である。そこに最古の茶畑があることも知られている。ここで採れた茶はとても良質であったので、上人はその種子を茶の栽培に適していた宇治に蒔き、室町時代には天下の銘茶として宇治茶が高い評価を得ていくことになるのである。

古くから、茶を煎じたら菓子を添えるのが常であった。禅僧は茶を飲むことを習慣としたので、この菓子のことを「茶の子」とも称した。これが今の「おやつ」に相当するようだ。下町の東京人はカラッチャといえば、菓子を添えていない、茶だけのもてなしをいう。しかし、北海道ではおかずが一品しかない粗末な食事のことを表わした。なぜか伝えられる過程で意味が変わってしまったのである。

松木明著『弘前語彙』の「からちゃでくう」の項目では、空茶はお菓子がなくてお茶だけ飲むことであるが、弘前では食事のとき以外に、おかずをお茶だけで食べることに言う、といった解説をしている。所変わればさまざまなカラチャがあったということになる。

カラチャという語の古い用例はきわめて稀であり、本来の意味は定め難いが、実際には振るまわないで、ことばだけで茶を勧めることをいったようである。ことばだけでのおもてなしといえば、あの「京のぶぶ茶漬け」が頭に浮かんでくる。京都人の家を訪問し、おいとまの時になってから「お茶漬けでもどうぞ」と勧められ、「それなら頂きましょうか」などといったのでは、アホと違うかと思われるそうだ。ことばだけでおもてなしをするのが京の作法なのである。仙台でもこのことはとても有名で、これを「京都の下駄めし」と紹介したのは、京都育ちの国語学者、寿岳章子氏であった。帰り際の下駄をはく時に、「ご飯どうどす」といいだすのである。「京の茶漬け」という落語もあるが、これは上方落語、同じ関西の大阪人が京のしみったれにあきれる話である。

また、「どうぞ遊びにいらっしゃつて下さい」なども、関西では単なる社交辞令であるという。北海道、東北や関東で育った人が関西に移り住んだ際、戸惑いを経験することが少なくない、といわれるゆえんである。

ところで、「茶」に関する慣用句は多様であるが、たとえば「茶の十徳（茶を飲めば十種の徳がある）」、「茶は是　眠りを釣る釣針（茶を飲むことは、眠けを払うのにもっともよい方法である）」など、なぜかいい意味で用いられるものはきわめて少ない。

これに対して、「茶にする（まじめにとりあわない）」、「茶になる（骨折りがむだになる）」、「茶に酔うたふり（知っているのに知らないふりをする）」、「茶々を入れる（じゃまをする）」、「茶化す（まじめな事も冗談にしてしまう）」、「茶を言う（いいかげんなことを言う）」などのように、良くないことを表わすものが大半を占めている。

茶道という伝統的な日本文化を代表するものがあるのに、なぜ、「茶」はおとしめられるのだろうか。

このことについて、森本哲郎氏は次のように推測している。茶道は風雅な集まりであり、厳しい約束事がある。それは庶民には容易になじめないところから、「お上品な」茶道に対する「下品な」俗人の反発のなせるわざだったのかも知れないと。

確かに、茶の入れ方はとても難しいとされている。湯の分量、温度、時間の三要素が上手に揃わなければ、最高の旨味は出ずに、苦味や渋味が出てしまい、茶も濁ってしまう。

それを適当にごまかしたり、いい加減にとりつくろったりすることを「茶を濁す」というのは、ここに由来している。これを、ことばは口から出るものであることから、最近、「口をにごす」といい間違える人も増えているようだ。

煮ても焼いても食えない、捨てるしかない物と長年思われてきたのが「茶ガラ」である。それが注目され脚光を浴びるようになってきた。「茶がらを活用した料理のレシピ集」もあるとのこと。食物繊維はもちろんのこと、ビタミンEなどのミネラルが含まれているという。

また、茶葉がホコリを吸収し、渋みの成分であるカテキン特有の殺菌力が発揮されることから、昔の人は茶ガラを和室の畳にまいて箒で掃いていた。ところが、掃除機の普及と共にこれが忘れられようとしていた。

再びそのすぐれた力が見直されるようになったのは、「シックハウス症候群」対策にも有効であることに気づいたからである。茶ガラを戸棚や押入れに置いておくことで、頭痛やめまいなどの症状を防止する、実はすぐれものだったのである。

あの紫式部も話していた

大阪国際女子マラソンで優勝した選手が、インタビューで「リオ決定だべ」と叫んだ。彼女は青森の出身で気さくな人柄から、喜びのあまりに方言が飛び出したのだろう。

函館駅からJR特急で四十分ほどの所にある森町は、わが国の冷凍食品事業発祥地であり水産加工業の盛んな所である。全国駅弁ランキングでトップの人気を誇っている「いかめし」の発祥の地として有名であるが、天然の遊漁池・噴火湾は新鮮な海の幸の宝庫でもある。

さらに、この町には古代遺跡があり、約八千年前から先住民が住んでいたこと、特に「鷲ノ木遺跡」からは縄文時代後期（約四千年前）に構築された北海道最大級の環状列石が完全な形で発見され、国指定史跡となった。今後の調査によって数千年前の集落がよみがえるのではないか、との期待も高まり、北の考古学の拠点として学界の注目の的となっている。

冬が近くなると熊の出没があちらこちらで話題になるが、ここの国道5号線には「危ねーべアー」と書かれた看板を、大きな熊が抱きかかえて立っていることでも知られている。この交通安全を呼びかけたユニークな発想が、事故防止に役立っている。

北海道で用いられている代表的な終助詞「べ」は勧誘、推量、意志、当然などの意味を表わすが、文語の推量の助動詞「べシ」に由来する。このべシの連体形べキは、平安時代にイ音便化してべイとなった。それを『源氏物語』などにみることができる。

・「おなじすじには物し給へど、おぼえ殊に、昔よりやむごとなく聞え給ふを、御心などうつりなば、はしたなくもあべいかな」〈朝顔の巻〉(私と同じ皇族でいらっしゃるけれども、朝顔の斎院は世の評判も昔からこの上もなく高貴なお方だと申し上げていらっしゃるので、源氏の君のお心が彼女に移ってしまったら、きまりの悪いことになってしまうはずであるよ)。

これは朝顔の斎院にうつつを抜かしている光源氏の様子をみて、長年寵愛を受けてきた紫の上がひとり嘆き悲しんでいる場面である。理想の女性だといわれる紫の上の会話中にこのべイがみられることには注目してよいだろう。当時は書きことばと話しことばには区別がそれほどなかったことから、作者である紫式部も日常的にべイを使っていた、という考え方もできる。べイが縮約した「べ」の歴史をさかのぼると、なんと平安時代の宮廷女性のことばに行き着くことになる。難解な漢籍をそらんじていたほどの才女であった紫式部にも親近感がわいてくるというものである。

ただし、平安女流のべイはこれ以降、文献上からその姿を消してしまうことになる。次に姿を現すのは、約二百年後の『平家物語』にみられる二例である。

・「此程に平家のうしろ矢射つべい者はないか」〈巻一一・勝浦〉（このあたりに平家の味方で、我々にうしろ矢を引きそうな者はいないか）。

この例を含めてもう一例も、源義経のことばである。このことから、此島正年氏は後世の東国語的要素とつながるものらしく、平安中期の女流語とは異質なものを感じさせる、としている。

一方には、ベイは死滅してしまったのではなく、実は話しことばとして東国の土壌に雑草のような生命力と地味さ、時に賎しさとを具えつつ、生存し続けた。それは東国の土質が身に合っていたからである、とする考え方も有力である。まさにことばはたくましい生きものであり、ロマンさえ感じられる。その東国語としてのベイがしだいに文献にもその姿を現すようになり、各地で独自の用法を生み出してくるのである。

室町時代の末には、これが関東なまりの代表的なものになっている。たとえば、

・大名「売るべいか」、売手「あげまらせうず」〈虎明本狂言・雁盗人〉

などとある、狂言の大名のせりふには「なまっていふ」という注記がしてある。これは典型的な田舎者のことばとしてベイは意識されていたことの証になっている。

関東方言の「べー」は有名で、「関東ベイ」ともいわれるが、これは関西からみての卑称であり、田舎詞を代表するものであった。そのことから、江戸の人々はいち早く使うのをやめてしまったようである。

その使用分布をみてみると、当初の江戸を含めた関東から東北、そして北海道までのかなり広範囲にわたっている。江戸で用いられていたことが地方への伝播に拍車をかけることになったのだろう。なかでも盛んなのは群馬県で、「べーべーことばがなかったら、ナベやツルべはどうするべー」という言い回しがあるという。そこには開き直りの態度さえ感じられる。

石川啄木ではないが、方言には故郷への懐かしさや力強さなどを思い起こさせてくれる効果がある。こうした利点を期待して、経済効果を上げるために各地方の自治体が観光のポスター、キャッチコピー、ゆるキャラ、特産品名・グルメなどに方言を積極的に使うようになった。たとえば、秋田拠点センターがアルヴェ、動物園の愛称にはミルヴェが選ばれた。前者は「(何かが)あるさ」、後者は「見よう」を意味する。しかし、「べー」は女性が使わなくなる傾向にあることから、これらは若い女性にあまり評判がよくなかったようである。今はどうなっているのであろうか。一般に名称というのは当初はともかく、使われているうちに、しだいに愛着がわいてくるものなのである。

北海道新幹線の開業を宣伝するポスターがJR山手線の駅構内でもみかけるようになった。「べ」「べー」は勧誘の意味で用いるのがインパクトが強いようである。そこで、

「新幹線で北海道さ行ぐべー」

「今晩、何を食べようかな」

着物のことを青森や岩手ではキルモノ、センダク、イショーというから、これが北海道にそのまま伝えられたように思われる。しかし、個々の語の意味について確かめてみるといささか事情は異なっている。

まず、キモノはすでに平安時代の漢籍を読み下した文献などに見られるが、一般的な語ではなかったようである。キルモノが主流となるのは、室町時代の後期と考えられている。これが江戸の初期に多用されたが、名詞として安定した語形ではないという意識から、キリモノという語も使われた。

キモノとキルモノとの関係については、江戸語キモノと上方語キルモノという対立が考えられている。たとえば、『日葡辞書』に「キルモノ（着る物）着物」とあり、『御国通辞』にも江戸詞「きもの」に対して、御国辞（盛岡）「きる物」と記している。これらから東北の北部方言や北海道の「キルモノ」は江戸ではなく、上方のことばの影響ということになる。

また、一般に東北地方で「イショー（衣裳）」といった場合、特に晴れ着という意味はないという。しかし、北海道ではこの語は「晴れ着」をいい、普段着のキルモノとは使い分けていた。伝播の経路を異にしたことが考えられる。

最近、いかにも普段着という格好でサンダルをはいた家族連れの旅行者を空港などで見かけることが珍しくなくなった。それはそれとしてほほえましいのだが、そもそも旅行は日常の延長上にあるのだろうか。旅行中のご婦人たちのはずんだ会話をそれとなく聞いていると、「今晩、何を食べようかな」、「また、現実に戻るんだね」という話になってしまうのをよく耳にする。やはり、旅行とはそれなりの代価を払っての、日常＝家事からの脱出？と考えているようである。

普段着といえば作詞家で作家の阿久悠氏は、「いつから日本人は普段着で旅行するようになったのだろう」といっている。阿久氏の論旨はおよそ次のようである。

かつては、家と社会という意識が厳然としてあって、家から一歩出るとそこはもう社会であると思っていた。……人間というのは個々大した存在ではないけれど、社会を尊重し、味方に引き入れることで、つまり着替える毎に大きく見せることが出来るのだともわかった。……社会の大きさと、手強《てごわ》さと、人生には不可能の方が多いことを教えるのが教育で、それには普段着では役目を果たさないと知るべきなのである。

余所行きと普段着の区別をしないような、メリハリのつかない生活感が、メリハリのつかない社会観や人生観に繋《つな》がる、というのである。

少し気張ってしまい話が脇道にそれてしまったようだ。ただ、社会に対しての適応性や、他人に対する最低限必要な緊張感や、時と場所を全く心得ない家族に遭遇するにつけ、余所行きというとことばは、とても重くて大切にしなければならないものであることを実感する。また、自戒の念をこめて。

次にセンダク（洗濯）の語は、「衣裳、晴れ着」と「裁縫、針仕事」の意味を表わしていた。前者の用例を文献上に確かめることは難しいようである。あるいは、近松の浄瑠璃に、「せんだく物つい仕立てやりましょ」〈さつま歌・中〉などのように、「仕立て」という語と並んで、この語がみられる。また、『御国通辞』にも江戸詞「針仕事、洗濯」に対応する御国辞（盛岡）として「せんたく、あらひすゝぎ」を挙げている。

これらから、江戸時代、洗濯した着物は仕立て直す必要があったことから、センダクは単に洗濯した物というよりも、針仕事あるいは裁縫、着物という意味に転ずる可能性をもっていたと考えられる。更には、洗濯のことを地域によっては「あらひすゝぎ」といって区別していたこともわかるのである。

着物は身体を着飾ったり保護するだけではなく、形見分けなどにみられるように、魂をも包むものとして捉えられてきた。従って、この着物をめぐる禁忌や諺、儀礼なども少なくない。次の

『万葉集』のなかに現代人がすっかり忘れてしまった俗信をみることができる。

・吾妹子《かぎもこ》に恋ひて為方《すべ》なみ白栲《しろたえ》の袖反《かへ》ししは［袖反之者］夢《いめ》に見えきや〈一一・二八一二〉

（あなたが恋しくて仕方がないので、着物の袖を折り返して眠りました。夢で私をみたでしょうか）。

寝るときに夜着の袖をかえして寝ると、自分が恋人の夢のなかに現れるというのである。これが平安時代に受け継がれ、楽しい夢を見たければ、着物を裏返して寝ればよい、と信じられるようになった。

戦後、日本の生活環境や食生活が洋風化したことで、若い人たちは背丈が伸びて、脚《あし》が長くなった。しかし、一般的には胸やお尻が薄いのは昔とあまり変わらないことから、洋服は似合わない、と指摘する人がいる。そのことに日本の若い女性（年齢ではない）は気づき、胸部や臀部を立体的により美しく見せようとして、高価で特別な下着を身に付けるようになった。あらゆる衣服のなかで女物と男物の差がいちばん大きいのは下着であるという。

日々、このように涙ぐましい努力をしていることに、男たちは敬意をもつと表わしてもよいのではないだろうか。「女はいつも、ときめいていたい」とは、作詞家である阿木燿子氏のなんとも素敵なことばである。年をとってもちょっぴりお洒落をして、時には異性と会って心地よい緊張感をもつことは、心の若さを保つための秘訣であると信じている。

「恋」と「愛」、その違いは？

まず、結論からいえば、「愛」は漢語であるのに対して、「恋」は純然たる和語《やまとことば》である。それぞれに「人」を付けてみよう。「恋人」は訓《よみ》が「人（びと）」であるのに対して、「愛人」のほうは音《おん》で「人（じん）」となる。

従って、この事実は日本語が本来、「愛」や「愛す」という概念を、ことばとしてもっていなかったことを物語っている。あの『枕草子』や『源氏物語』にも、「愛」や「愛す」は使われていないのである。

奈良時代の「恋ふ」は、目の前にいない人や事物などに心引かれ、逢いたいと思う気持ちを表わしていた。『万葉集』では「恋」に「孤悲」の万葉仮名を当てているのが、三十例ほどみられる。これは万葉の人々が「恋」というものを、どう考えていたか端的に示してくれる。

平安時代、『源氏物語』の「恋ふ」も眼前にいない人に対してだけ用いられているのは、そのまま引き継がれたことを意味している。

「いとおしい」意味を表わしていたのが「カナ（愛）シ」であり、『万葉集』に多く用いられている。

・神代より　言ひ継《つ》ぎけらく　父母を　見れば尊く　妻子《めこ》見れば　**愛しく**［可奈之久］めぐしいとおしくかわいい）。
〈一八・四一〇六〉（神代から語り継いできたことには、父母を見ると尊く、妻や子を見るといとおしくかわいい）。

このように、カナシは肉親や男女間などの身にしみていとおしく思う気持ちを表わしている。また、死や別離に伴う悲哀の情がかき立てられるさまにもいうが、こちらは平安時代になって例が多くなる。

時代は降るが、『松前方言考』に「子供等を愛する言葉にカナシといふ　是はものを傷み哀しむの意にはあらず」という解説がある。この語の本来的な意味が箱館に伝えられたのである。

漢和辞書である『類聚名義抄』（院政期の成立）では「恵」「恩」「寛」「寵」などの漢字を「アイス」と読んでいる。漢文を訓読する分野では、古くから「愛す」という語が普及していたことが推測されている。

仏教の世界における「愛」や「愛す」は、男女間にあっては愛欲、この最も忌まわしい形を性欲として考える。

たとえば、『御伽草子』もそうした仏教の影響を受けたのであろう。「酒呑童子」は源頼光の鬼退治の武勇を伝えたものとして有名であるが、ここには無理やり連れてこられた姫君たちを「愛して置きてその後は、身の内より血をしぼり、酒と名づけて血をば呑」み、その肉を肴《さかな》と称して切って食べた、と記されている。このように可愛がり、離すまいとするあまりに、自己中心的な残酷な執着心や愛の行為を表わすことが多かった。

室町時代の末期、宣教師たちがキリスト教を布教するに際して、我が国で浸透していた「愛」の語を取り入れることは回避しなければならなかった事情がここにある。

明治以降、英語が盛んになるにつれて、男女が表面上？対等の関係にある精神的な「愛」がLOVEの訳語に採用された。恐らく、「アイ・ラブ・ユー」と日本人とは百五十年余のつき合いになるが、すぐに覚える英語にしては、しっくり溶け込んではいないのではないだろうか。

折にふれ話題になることであるが、毎日、夫婦がたがいに「アイ・ラブ・ユー」といわなければ、相手が察してくれないような文化・社会、つまり言霊思想は欧米諸国のほうが圧倒的に強い。日本では言語行動の中に、「アイ・ラブ・ユー」に相当する部分が欠落している、特に、六十歳以上では。だから、これをいえばいっそう信用されないことさえある。逆に浮気でもしているのではないか、頭がおかしくなってしまったのではないか、など疑われてしまうはめになってしまうようだ。

翻訳者泣かせの英語の中で、上位を占めているのもこの「アイ・ラブ・ユー」なのだそうだ。

実際の翻訳例のなかで、「殺して」「抱いて」「死んでもいい」「どこまでもついて行く」「あなたのためなら何でもする」「すべてをあげる」「あなたの好きにして」「好き好き好き」などはまだ理解できるだろう。しかし、「二度と会いたくないわ」「さよなら」「これでお別れね」「楽しかったわ」など、悲しい別れの場面での会話に用いられるのは、日本人には思いもつかないのではないだろうか。

昭和四十五年頃、三船敏郎の「男は黙ってサッポロビール」というキャンペン広告が大いに受けたのは、重要な瞬間に何も言わずにことばを発しないことが、美しくもあり奥ゆかしい言語だ、と評価されたからである。従って、この「アイ・ラブ・ユー」も、菊池寛がかつて愛用した、「…………」を翻訳にあてるのが効果的なのかも知れない。芥川賞や直木賞を設定し、作家の育成や文学の普及に力を注いだ人、それが菊池寛であることは意外に知られていない。

何をどう話したら相手にわかってもらえるのだろうか。そこに損得や恋愛感情がからんでくるとなかなか難しいやっかいな問題になってくる。中山正和著『創造力の伸ばし方』に「説得の五大条件」なるものが記述されている。ここにあえて紹介してみよう。

1　明るいところより暗いところ。昼より夜。
2　お酒。飲む場所は好みによります。
3　リズム。ジャズがいいかクラシックがいいか。または、木魚・鐘にするか。

4　集中。その人の興味のある対象を選ぶ。

5　くりかえし。一度の機会で成果をあげようと思うな。

実はこれは、女性を口説くテクニックとして述べられたものなのである。

最近、恋愛が面倒くさい、恋愛に希望がもてない、友達といるほうが楽だなど、恋愛に努力や時間、お金をかける価値を見いだせない若者、特に男性が増加しているようである。三十台代半ばにしても四割から五割は独身である。さらに日本の独身者はほとんど彼氏や彼女がいないという、世界的に珍しい現象なのだそうだ。

そこで旅行で電車に揺られながら次のようなことを気ままに思い浮かべてみた。

業績至上主義の上司にちょっとしたミスを叱られ落ち込んでいる女性を、帰りがけ夕食に誘い慰める。お酒は会話をはずませてくれるから、「君の瞳に乾杯」といってみよう。今、若い女性にも人気の寺院巡りのデートを取り付けることができるかもしれない。文豪が眠る下町のお寺を散策した日の夕暮れどき、どこからか鐘や木魚の音が聞えてきたりしたら、人の世の無常《はかなさ》をしみじみと語り合い、将来、同じお墓に入ることを約束する好機の到来というものである。

しかし、女心とは定まるまでに時間がかかるようだ。「恋はいつか愛になる」という洒落たコマーシャルではないが、女性を口説く手間・時間《ひま》を惜しむことなく、苦労して相手の同意を得たときの喜びの大きさや感激の深さは、これこそことばのもつ重みによるところが大きいのである。

これから出会いや縁《えにし》を求めようという人は、この五大条件を参考にしてみてはいかがだろうか。

日本人の好きな漢字の三傑は「夢」、「誠」、そして「愛」なのだそうだ。流行歌の歌詞となりやすい語でも「恋しい」は使われなくなる傾向にあり、逆に「愛する」が増えつつあるという。ただし、「愛子」という名は、「愛する子」ではなくて、「愛される子」であるというのが、世間一般の考え方であろう。

しかし、「幸せになる人というは、他人を幸せにする人です」とは、ある作家のことばである。けだし名言である。なぜなら愛されることはむずかしい。特に、愛され続けるのはとてつもなく難しいものである。

「自分が愛されるよりも、愛することを幸せだと思う女性でなければ、家庭を大切にする妻にはなれない」。これは昔々、独身の頃、函館の駅前の居酒屋に連れられて飲んでいたときに、当時、見め佳《よ》き人気女優のポスターをみつけて、思わず「これが憧れの女性なんだけどなァ、……」といったら、恩師（後の媒酌人）に諭《さと》されてしまった。そのときのことばなのである。

この年齢になって、そのことばの真意がようやく分かりかけてきたような気がする。

その恩師も亡くなって久しい。

「女」と「女性」、どこが違うの

多くの女子大学生は自分がオンナといわれることに不快感を抱き、嫌だという。「男」と「男性」にはほとんど違いはないのに、これはなぜなのであろうか。

最も古く男の意味を表わしたのはオキナ（翁）の「キ」という語であり、女の意味を表わしたのはオミナ（媼）の「ミ」であった。この「キ」と「ミ」とは、神話の中で日本創造の役割を果たしたイザナキ、イザナミの二神の名にも表れている。独立して使われた例は文献に残らず、熟語の中にしかみることはできない。それほど古い語なのであった。

次に男と女を示した語には、奈良時代の「ヲ」と「メ」とがあり、『古事記』にその例を見ることができる。

・「吾が大国主　汝《な》こそは　男《を》［遠］にいませば　うち廻《み》る　島の崎々　かき廻る　磯の崎落ちず　若草の妻持たせらめ　吾《あ》はもよ　女《め》［売］にしあれば　汝を置きて　男［遠］は無し」〈上・歌謡六〉（わが国を支配する主よ。あなたは男でいらっしゃいますから、漕ぎ廻《めぐ》る島の岬ごとに、漕ぎ廻る磯の岬のどこにでも、若々しい妻を持っていらっしゃるでしょうけれども、私は女ですから、あなたのほかに夫はありません)。

因幡の白兎の話で知られている大国主の命《みこと》が、須佐之男の命の住む根の堅州国《かたすくに》(上代人が地下にあると考えた世界)を訪れる。そこで試練を克服して須勢理《すせり》姫を正妃とする求婚譚である。ここにはメ(女)とヲ(男)とが一対で表現され、さらにヲが特定の男、つまり夫の意味で用いられている。

女性一般を表わしていたメは妻の意味に偏《かたよ》って、次第に卑しめのニュアンスが加わり、見下すときの語となってしまう。次に挙げるのは室町末期の用例である。

・「メラウ(女郎)女を卑しめて、侮蔑して言う語」〈日葡辞書・補遺〉

メは北陸や東北地方などに方言として分布するメロやメローの語にその姿を留めている。これが道南の浜ことばにも伝えられることになったのである。

アイヌ語だと思われていたメノコも「女ノ子《メコ》」という日本語であり、メがここにもみられる。

また、ヲトコに対する語として成立したヲトメは、未婚の女性の意から、特殊な少女(舞姫)、さらに少女一般を示すようになった。

一方、美しい女を表わすヲミナの語が生れる。この語の音便形としてヲンナが成立、平安時代以降、ヲトコに対して、成人した女性一般や妻、愛人などをも表わして、広く用いられるようになる。ヲンナのあとに近畿で生れたヲンナゴ、その変化したヲナゴは、勢力を増していくことになるが、現在では女性の卑称として残るという現象になっている。

説明が煩雑になってしまったが、これを便宜上、次のように示すことができる。

・男＝キ──→ヲ──→ヲトコ

・女＝ミ──→メ──→ヲミナ──→ヲンナ──→ヲンナゴ──→ヲナゴ
　　　　　　　└→ヲトメ

ヲンナに関する語が複雑に変化しているのは、使われている間に次第にその語の価値が低下していったことに原因があるのだろう。まさに我が国の女性の歴史を物語っているかのようである。

・はるばるきたぜ　函館へ　さか巻く波を　のりこえて　♪

ご存知、北島三郎の歌手としての原点ともいえる『函館の女《ひと》』の歌詞の冒頭である。当初は『東京の女《ひと》』という曲名であったが、すでに三浦洸一が『東京の人』を歌っていたので、紛らわしさを避けるために、急きょ『函館の女』に変えたのだそうだ。変えてくれてよかった。

観光都市である函館はこの歌が大ヒットしたお陰で、どれほど全国的に脚光を浴びその恩恵を蒙《こうむ》ることになったか、その功績は計り知れないものがあったと思われる。当然のように、歌碑を建てようという声もあがったが、実現することなく終わってしまった。

その当時、函館を離れていた筆者には詳しい事情はわからない。いくつか問題があったようであるが、その一つに曲名の「女」を「ひと」と読ませるのは、女性を軽視しているという、恐らくは女性の側からの批判もあったように記憶している。

しかし、「女」ということばは、あくまでも歌謡曲の中での人間のとらえ方の基本なのである。これには具体例を挙げた方がわかりやすいだろう。たとえば、『女船頭唄』『女のブルース』『女の意地』『女のみち』『女心の唄』『女の宿』など、カラオケファンにはたまらない曲名がいくらでもある。これに対して歌謡曲に「女性」は決して登場しない。

そのことを理解しないでの批判は、正鵠《せいこく》を射たものではなかったといえるだろう。ことばだけを取り出して議論することの難しさを、教えてくれたように思う。

男と女、伝統的な「やまとことば」できちんと対義語を作っているのに、婦人とか女性とかという漢語にいい代えてしまうのは、残念の一語につきる、女ということばをいわゆる差別語にしてしまうのは耐えられない、とは国語学者の寿岳章子氏の見解である。

本来、女ということばしかなかったところに、女流・婦人・女性などという漢語が入ってきた。それらが女よりは上品なニュアンスをもっていることも時に確かである。そこから女ということばを使うことを拒否しようとする人の気持ちもわからないではない。そこで寿岳氏は漢語に心地よいすみかを見つけるのではなく、「女」という語を理解する人を見つける方が、女の世界に光を当てることにならないだろうか、この営みはことばを大切にすることではないだろうか、と考えるのである。

農村の婦人がどのように生きてきたかを、実際に農村に出かけて行き、虐げられている女たちに会って相談相手となり、女たちの地位の向上に尽力してこられた彼女の発言は重い説得力をもっている。

日常の暮らしの中で我が国に固有の和語《やまとことば》をもっと大切にしてもよいのではないだろうか。ことばそのものには、本来、差別の感情は含まれていなかったとすれば、やはりこの国の「女」の悲しい歴史がいまだに脈々と続いていることにほかならないように思われてならないのである。

また、マタニティーハラスメント、略してマタハラ（実に下品な言葉である）や待機児童の問題がなくならない限り、この国の少子化に歯止めはかからないだろう。女性が輝く社会とは、担当する女性大臣の職を設定したり、女性管理職や女性の議員を増やすことではない。大勢の女性、特に女性たちが安心して働き続けることのできる社会を構築することが先決である。

厳しい状況にある子育て世代の実態にもっとスポットを当て、本音でオンナと平等に接するための、オトコ社会の企業の体質を本気で変革しなければ、とうてい実現は無理というものであろう。

昨年（平成二十六年）度、先進国では最低の順位（百四位）となった「男女平等ランキング」の現実を抜本的に改善しようとしないことが、問題の解決を先送りしているように思われてならない。

魅力的な女性を連想する？

社会生活を営む蜂はよく発達した本能をもち、その習性も変化に富むことで知られている。その種類はことのほか多く、わが国には約四三〇〇種、世界には一〇万種以上にのぼるといわれる。

『万葉集』の「珠名娘子《たまなおとめ》」伝説にみられるスガルも蜂の一種で、ジガバチに解釈するのが一般的である。

・周淮《すえ》の珠名は　胸別《むなわけ》の　ゆたけき吾妹《わぎも》　腰細《こしぼそ》の　蜾蠃《すがる》［須軽］娘子《おとめ》の　その姿《かお》の　端正《きらきら》しきに　花の如《ごと》　咲《え》みて立てれば　玉桙《たまほこ》の　道行く人は　己《おの》が行く　道は行かずて　召《よ》ばなくに　門《かど》に至りぬ〈九・一七三八〉（周淮の珠名は、胸の豊かないとしい少女、腰の細いスガル蜂のような少女で、その容姿が整って美しく、花のように笑って立っているので、道を行く人は自分の道を行かずに、呼びもしないのに珠名の家の門の前に来てしまう）。

これは伝説歌人である高橋連《むらじ》虫麻呂が、東国の美少女を紹介するための歌である。女人公の魅力的な美しさを客観的に表現しようとしたのではなく、人生をたわむれていることを批判し、むしろ否定を潜在《せんざい》させた叙情歌になっていることが注目される。

また、『万葉集』に収められている「竹取翁」の歌は、かぐや姫の登場する『竹取物語』とは内容がまったく異なる。弥生三月、ある丘の上で翁は九人の仙女に出逢うが、年老いていることを嘲笑される。そこで翁は青春の日のあでやかな姿を仙女の前で歌い出すことになる。

・海神《わたつみ》の　殿の　蓋《いらか》に　飛び翔《かけ》る　**蜾蠃**［為軽］の如き　腰細に　取り飾らひ　真澄《まそ》鏡　取り並《な》め懸けて　己が顔　還らひ見つつ〈一六・三七九一〉（海神の御殿の屋根に飛び廻るスガル蜂のように、腰細によそおい飾り、澄んだ鏡を並べかけて、自分の顔を何度も映して見ながら）。

ここに見られる「腰細」は、漢籍の故事を踏まえて、美女の姿態を描くための語であり、翁を女性らしく見せるのに一役買っていることが指摘されている。

これらの用例から、奈良時代には蜂のように胴がくびれ、ウエストのしまっていることが美しい女性の条件であったことがわかる。

江戸時代、東北地方で書かれた方言書の中に、

・「はち　蜂　すがり」〈御国通辞〉

・「すがり　腰細蜂」〈仙台浜荻〉

などのようにスガリとあるのは、スガルの訛ったものである。このスガリが北海道にも伝えられ

ることになったのである。

ところが、なぜか院政時代の『山家集』には、スガルが鹿の異名として用いられている。

・**すがる**伏す木ぐれが下の葛《くず》まきを吹裏反《うらが》へす秋の初風〈中・雑〉

西行の歌には、意味のよく分からない歌が非常に多いといわれている。歌語でない俗語を盛んに使い、自己流の表現をするからである。この歌も写本によって歌詞が異なり、スガルの古義を忘れ、鹿の類に誤って解釈したもの、などと江戸の文筆家によって批判されている。

ただし、これは西行だけにみられる用法ではない。古い国語辞書にも「鹿子　スガル」〈易林本節用集〉などのような記載がみられる。鹿も腰《ウエスト》?が細いことから、こうした名で呼ばれるようになったものと考えられてくる。ちなみに、スガルという語が、鹿の方言として分布している地方はなさそうである。

さらに、広く九州の方言でスガリといえば「蟻《アリ》」を意味する。これには江戸末期頃の『久留米はまおき』のように「腰細蜂の古言すがるの誤転か」と疑う方言書もあるが、やはり胴体がくびれていることに注目している点で、古語の意味に共通するように思われる。蟻も地中に餌を貯えるという習性がジガバチに似ている。

現代人、とりわけ男たちは蜂や蟻、はたまた鹿などといったものから、はたして腰細の魅力的な女性を連想するだろうか。

「太陽」は何色なの

日本語の色彩語彙の基本構造は、アカ、アオ、シロ、クロの四語から成り立っている、といわれている。

奈良時代において、色名の大部分は顔料などによる比喩であった。純粋に色を表わすことばは、繰り返しになるが、赤、黒、白、青ぐらいのものである。これらは、本来、色を表わすのではなく、光の感覚に由来する語であったと考えられている。つまり、アカは「赤」である以前に、あかるいという「明」をその古義として、この「明《アカ》」は「暗《クロ》」と対立するものであった。

「赤」の訓はアカで、いうまでもなく色彩の赤を意味する。一方、「アカの素人」「アカっ恥」「アカ下手《べた》」「アカの他人」などのアカは、色彩の赤とは無関係である。これらは赤と同じ語源である、「明らかなさま」「はっきりしているさま」を意味する「明」のアカによって意味づけられた語である。江戸や東京語を母胎として発達した現代語では、「明」をアカルイといい、「赤」のアカイと区別する。関西ではアカイの一語が、「赤」と「明」の二つの意味を表わす。北海道でも内陸のことばは、アカイは明るい意味を表わすことから、関西の影響を受けたことになる。

さまざまな言語を研究して、ことばの不思議さに打たれることはしばしばであるが、太陽の色の問題ほどショックを受けたことはあまりない、とは鈴木孝夫氏の発言である。日本人は一般に太陽の色を「赤」だと思っている。欧米人に太陽は何色と聞くと、皆が「黄色」と答えるという。書店で外国の絵本を手にとって眺めることはあっても、気付かなかったのは、「太陽は赤い」ものだという固定観念が強くあったからに違いない。ちなみに、中国人は「白色」なのだそうだ。国際化の時代になって久しいが、自分の常識と相手の常識とは違うことを気付かせてくれる好材料の一つになるだろう。

また、「アオ（青）」は「シロ（白）」と対立するものであった。奈良時代、アオは黒と白の中間的な範囲の広い、漠然とした色であったようである。主として、青・緑・藍などを指し、ときには黒や白にも及びうるものであったという。平安時代のアオウマの表記に、「青馬」や「白馬」の両方を用いているのは、その伝統を受け継いだものになっている。『万葉集』にみられる「青雲」についても現実に肉眼で確かめることは困難であることから、古来、「青空」、「白雲」、「雲」など、さまざまな意味に解釈されてきた。これも「灰色の雲」であったとするのが穏当であろう。

現代ではブルー系統の色には、アオ・アイ・紺・アサギ・ハナダ・ミズイロ・ソライロ・瑠璃イロ・青磁イロ・インジゴ・コバルト・ライトブルー・ペルシャブルーなどがあり、実に多彩である。こうした色彩感覚が発達を遂げたことは、日本人が中間色を好む性向の表れなのであろう。

夏の到来を告げる風物を視覚、聴覚、味覚の三点から取りあげた江戸時代の有名な句がある。

・目には青葉　山ほととぎす　初がつを〈山口素堂〉

この「青葉」はいうまでもなく「新緑」のことである。blue と green、アオとミドリとは別の色だと思うのがごく普通であるが、古来、日本人は緑色の葉を「青葉」と称してきた。「青い牧場日昏れて」〈山のロザリア〉、「山はあおきふるさと」〈ふるさと〉などが頭に浮かんでくる。

九十歳になった青木光一が郷愁をしみじみと歌う『柿の木坂の家』の二番の歌詞に、

・春には　青いめじろ追い　秋には　赤いとんぼとり　♪

とある。背面が黄緑色をしている小鳥のイメージが強いのだが、「青いめじろ」という表現に違和感を感じないでいたことに、つい最近気づいた。歌謡曲の歌詞にはたとえば、「トランプの青いクイーン」〈湖畔の宿〉や「青い夜霧」〈夜霧のブルース〉など、理屈では理解できそうにはない青い色が用いられている。ほかにどんな青色があるのか、探してみるのも面白いと思う。

よく引用されるが、信号機の緑を青信号と呼ぶのもミドリとアオの二つが混同されている端的な例である。こうしたことは冒頭にも記したように、日本語の本来の色彩語彙は、やはり「赤」

「青」「白」「黒」の四種であったことに起因するようである。

無限にある現実の自然界の色彩を、限られた色彩語彙で的確に言い当てるのは困難なことである。関連して、このものはこの色でなければならないときめつけないほうが個性的であり、豊かな表現を生むことになりそうである。


「青い海函館の　港あければ　出船の汽笛♪」で始まる『函館ステップ』は、古賀メロディーの『酒は涙か溜息か』などでお馴染みの高橋掬太郎が、昭和二十五年に作詞して、全国にレコードが発売された。港祭りや盆踊りを代表する歌であったが、いつの頃からか聞かれなくなってしまったのは三番の歌詞に問題があったようだ。ただ、函館を訪れる修学旅行生に、観光バスのガイド嬢が一番と二番を歌って聞かせていたという。函館の中高年にとっては、あの華やかなりし北洋船団の記憶とともに、哀愁をおびた懐かしい思い出に残る曲となっていた。

平成二十四年、函館出身の女性歌手によってＣＤ復刻版でよみがえることになった。実に喜ばしいことである。

話を本筋に戻すことにしよう。この歌の二番の歌詞に「招くネオンの赤と青　♪」とある。冒頭の「海」もこの「ネオン」も、やはり「青」と形容されている。一流の作詞家によるものとしては、まことにありふれた単純な色彩表現である（いや、失礼！）。

これもまた大衆に支持される秘訣なのであろう。

ベロを上にしてください

青森県の弘前では主として、共通語の「よだれ」のことをビロといい、唾《つば》をヨ（エ）ダレと称して言い分けている。南部では舌も唾もよだれもベロといい、区別をしないようである。道南の浜ことばでベロといえば、よだれと舌との両方を示すから、南部に近いことになる。このベロは江戸時代の洒落本などに用いられている「舌」を表わすベロとの関係をたどれそうである。

函館の末広町にとても懇切丁寧に検診や治療をしてくれる歯科医院がある。そこの六ヶ月ごとの定期健診を先延ばしにしていたら、歯茎を治さなければならないはめになってしまった。歯科衛生士に「ベロを上にしてください」といわれ、久しぶりになつかしいことばを耳にした。

道南の浜ことばでベロカケといえば、赤ん坊のよだれかけをいうことから、どちらかといえばベロはよだれを思い浮かべる傾向が強いと思う。彼女が言語形成期を過ごしたのは、道南ではないということだが、恐らくは浜ことばの影響を受けた所なのだろう。

口の中にたまった液体を、どうしてツバ・ツバキというのであろうか。これには『名語記』（一二七五年）の記載が手がかりになる。

・クチヨリイツル水ヲツトナツク　如何

という問に対して、

・ツハ　咜也

と記述している。漢字「咜」は舌打ちの意であり、「ツ」というのは、舌打ちのときに口中から外に飛び出すツバ（唾）の意味を表わす訓として用いられた、と考えられている。

つまり、ツバやツバキは、本来、単音節の語「ツ」であった。事の成り行きを緊張して見守っている様子を、「かたづ（固唾）をのむ」という。この「づ」は唾のことである。

一般に単音節の語は、語形が不安定であるために、安定性を求めて、「ツー」のように引き音を伴う地方もある。カ（蚊）がカー、キ（木）がキー、ヒ（日）がヒーとなるのも同様の現象である。

一方では、ツを口外に吐き出す動作に着目して、ツに動詞「吐く」を付け、複合名詞形ツハキが作られることになった。平安以降、ハ行転呼音でツワキとなり、連濁形ツバキも生じた。これらのキの脱落したものが、江戸語のツワであり、上方語のツバである。

ツバ、ツバキには古くから霊力があると信じられてきた。卑近な例では、狐や狸にだまされないようにするには、「眉に唾をつける」ことをしたのである。今でも、欺かれないように用心することを、これを略して「眉唾物《まゆつばもの》」とか「眉唾《まゆつば》」といっている。

また、江戸の川柳に、

・つばきして歩くがひどく酔った奴〈誹風柳多留・八〉

などとあるように、ツバキを路上に吐き出すのは不潔で不作法であり、慎まなければならない行為とみなされていた。これは今も変わらないはずである。もし、人に唾を吐きかけたりすれば、その人を侮辱し、嫌悪の情を露骨に表わしていることになる。

最近、プロ野球の試合をテレビで見ていて、気になることがいくつかある。まず、解説者がよくしゃべるので、聞いていると疲れてしまう。かつて自分が所属していたチームを一方的に応援するのはそのチームのファンならともかく、相手チームのファンには聞き苦しいものである。民放といえども放送は不特定多数に情報を伝えるメディアである。解説者は応援団ではない。特に、ピッチャーが投球動作に移ったなら、しゃべってほしくない。視聴者も耳が肥えてきたのだから、ナマハンカな解説なんかでは満足しないことを銘記してほしい。音声を消してテレビ観戦をする人もいる。放送の中立性や公平性はどこにいってしまったのだろうか。ゴルフ中継をぜひ見習ってほしいものである。（筆?の勢いで余計なことを書いてしまったようだ。ご海容のほどを）。

また話がそれてしまったが、次からは本題である。打席に入ると、しきりにツバを吐く選手がいる。これが画面に大きく映し出されるのだから、実にイヤなものだ。

『北海道新聞』のコラム「放送ブレイク」〈平成二十六年十月二十二日〉は「野球とガムと唾を吐くこと」という題であったが、同じようなことを指摘していて、意を強くした次第である。

試合中、ガムをかむ野球選手が多くなってきた。サッカー、ラグビー、ゴルフ、テニスなどのスポーツでは今のところ、ほとんど見かけることはない。少年野球や高校野球の模範たれ、と思うのは時代遅れなのだろうか。ゴルフの競技中、若い女子選手が歩きながら何かを食べているのをみた女性解説者が、「私たちの選手の頃にはしませんでしたけれどね」と話していたのが印象的であった。

ガムをかむことにはどんな効用があるのだろうか。ツバを吐かない効果があるのかも知れないが、見ているほうは緊張感に欠け興ざめしてしまう。ましてや監督までもがガムをかんでいる姿は、さまにならない。雨の降りしきるなか、球場に残って懸命に応援している熱心な観客もいるのである。

桂米朝の落語のまくらであっただろうか、「男として生れてきたからには、一度はなってみたい職業が三つある」という。そのなかの一つが野球の監督なのである。

ガムなんかかまずに毅然として策を練っている勇姿を、野球ファンに見せてほしいものである。

昆布をめぐる論争

北海道の短い夏の一ヶ月半ほどの間、コンブ採りが解禁になる。早朝、海岸の高台に合図の旗が掲げられると、磯舟で一斉にそれぞれの漁場をめざす勇ましい光景は、まさに風物詩である。

昆布の生産地が北海道を中心として青森、岩手、宮城の沿岸にほぼ限られていたことから、その希少価値ということもあるが、これが中央に届けられたのは、思いのほか古いようである。平安時代の『続日本紀』によれば、霊亀元年（七一五年）に蝦夷地から須賀君古麻比留《すがのきみこまひる》なる人物が昆布を朝廷に献上した記述が最も古いものである。源順が編纂した『和名抄』の「海菜類」には昆布を始め、十八種類もの海藻が取りあげられている。日本人の食生活にいかに海藻というものが、深く結び付いていたかを理解することができるだろう。しかし、地域によって少し事情は異なるようである。時代を少し降ってみることにしよう。

江戸時代、関東では一般に醤油味が好まれたようである。それは関東周辺で収穫した大豆を使って濃い口醤油が千葉の銚子で作られ、江戸っ子に人気を博したのがきっかけだといわれている。この濃口《こいくち》醤油の味に負けずに、しっかりとした味わいを「鰹だし」が発揮していたのである。ちなみに、鰹節は老舗「にんべん」が有名で、日本橋の三大名物として、山本山の茶、山本の海苔と並び称されてきた。コンブの食習慣が育つのは、明治に入ってからのことである。

一方、上方の味付けは薄味が好まれる傾向が強く、薄口醤油が多く用いられた。だしは薄口であっても味わいがあり、これによく合うものとして「昆布だし」が選ばれた。昆布は古くから松前産を始めとして、江差や箱館などのものが主であった。大きな寺院の多い奈良、京都では、魚介や肉類を食材としていっさい使わない精進料理が、中国帰りの留学僧たちによって作り出されることになる。ここにもコンブの味が存分に生かされるように、薄味を好む方向付けがなされるのである。

このように長年の間、コンブは薄味の食文化に大いに貢献してきた。日高、羅臼、利尻などのコンブは上質であるが、真昆布《まこんぶ》の名で呼ばれるのは道南の下海岸産だけである。これは厚みがあり幅の広い最高級品である。今でも京阪の料亭では「おこぶ」と敬称をつけるのだという。コンブがいかに愛され育てられてきたかがわかる。

また、関東の水は硬水なので醤油が適している。関西は軟水なのでコンブ味を出すのに適しているともいわれている。

こうした関西の昆布の需要に応えたのが、コンブロードと称された、生産地と消費地とを結んだ道である。箱館から北前船で日本海を通り、敦賀を中継地として、陸路で京都へ、あるいは下関から瀬戸内海に入り、大阪へ向かう海の道である。今でも、おぼろ昆布の八十五％は敦賀で生産されているというが、そのもとになる昆布は真昆布である。厚岸ねこ足昆布、釧路長昆布などのように、産地によってその呼称が異なるのも面白い。

ある週刊誌によれば、「昆布」という珍しい姓が関西にあるという。この家がかつて昆布の商家であったことに由来する。

江戸末期の随筆『守貞漫稿』によれば、江戸では鰊《にしん》を食べる者はまれで、もっぱら猫の食べ物としている。一方、京阪では各家庭で煮たり、昆布巻にしたりする。路上でかつぎ売る者は、鍋をたずさえて昆布巻を煮売りしたことが記されている。まさに関西が蝦夷地の海産物の受け入れ地であり、昆布巻は上方人の生み出した食の傑作であったことを知るのである。そういえば「鰊そば」が京都の伝統的な食文化であることを、研修旅行で京都を訪れて初めて知ったという大学生も少なくなかった。

鰹節とともに日本の食文化を支えている財産＝昆布を次世代に伝えるための試みもなされているようであるが、各家庭でも億劫がらずにダシを取る食習慣の広まることが望まれる。なぜなら、北海道は一人当たりのコンブ消費量が最も少ない地域の一つだ、といわれているから驚いてしまう。

最近、注目されているのがガゴメコンブである。食物繊維から成るネバネバ成分が多く含まれていることで、美容と健康への効果が明らかになりつつある。

十一月十五日が「こんぶの日」であることは、意外と知られていないと思う。かくいう筆者も慶事の贈答用として「献上昆布」を購入するために、函館の大手町にある昆布・海産物問屋を訪れた際に初めて知ることとなった。そこの社員はとても親切に対応してくれただけではなく、昆布について実に詳しい知識をもっていて、種々説明をしてくれた。昨今、扱っている自分の会社の商品について知識をもたない店員も少なくないようである。その問屋で古来から「よろこぶ」とかけて縁起物とされてきた高級品の真昆布を入手できたのは誠に幸いなことであった。

十一月十五日といえば七五三の日である。このお祝いに育ち盛りの児童が栄養豊富な昆布を食べて、元気に育ってほしいという願いを込めて、昭和五十七年に日本昆布協会が「こんぶの日」を定めたのだという。この時期はその年に収穫された新昆布が市場に出回り、海からの贈り物として感謝する気持ちも込められている、とのことである。

さて、この項目の本題にやっとたどり着いたようである。コンブは何語かということについては従来、議論がなされてきた。

宣教師ジョン・バチェラーが函館で編纂した『アイヌ・英・和辞典』（明治二十二年）にコン

ブの語が記載されていることから、コンブはアイヌ語であるという考え方が大槻文彦編『大言海』を始めとして広く行なわれてきた。

ただ、バチェラーの辞典は利用価値の高いものではあるが、日本語が少なからず混入していることも指摘されている。バチェラー自身も「Kombu 日本語　昆布」と記述しているが、アイヌ語だとも、日本語であるとも言及はしていない。また、コンブの古いアイヌ語には sash（サシ）もあり、アイヌ語説には疑問が残ることになった。

先にも示した『和名抄』に「昆布　比呂米、一云、衣比須女」とあることから、葉の幅が広い意でヒロメと名付けられていた。これは蝦夷地の海で採れた食用となる海藻のことで、エビスメ（夷布）とも呼ばれていた。平安時代にはすでに流布していたのである。それらの古い和語《やまとことば》が漢字で「昆布」と表記されるようになった。つまり昆布を日本語でヒロメ、漢語でコンブと読み分けていたのである。コンブの語源はシナ語である、とするのが妥当な考え方であろう。

幕末の開港に始まる箱館の貿易は、昭和初期までコンブなどの中国向けの輸出が大半であった。その名残が明治四十三年、華僑によって建てられた元町の中華会館は、清朝文化の贅《ぜい》を尽くした純中国風のレンガ造りの建物である。みごとな内装や工芸品の数々がここ函館の地に残されたのは、まさに昆布文化の貴重な遺産であり、そのことの証となっている。

クシャミが出ちゃった、どうする

同じ自然現象であっても、アクビについての方言は全国的にほとんどみられない。ここで取り上げるクシャミのことを古くはその擬声語であるアクショ、アキショなどといった。これは自分の意志ではおさえ難い生理現象であることから、何者かが働きかけているのではないか、と考えられてきたようである。たとえば、家から出かけようとしているときに、誰かが隣でクシャミをするのは、不吉なことの前兆と思われていた。

古来、その回数で意味を判断する俗信は、広く各地にさまざまに伝承されている。まず、江戸後期のことわざ辞典『譬喩尽《たとえづくし》』には「風引《かぜひく》ばかりに出《いづ》る物にあらず逆上の時にも出るものなり」とある。これによればクシャミというのは、風邪を引いたときだけではなく、激しい怒りで頭に血がのぼるほど興奮したときにも出るものだという。本当なのだろうか。

同書にはその回数について「一褒《ほ》められ　二譏《そし》られ　三笑はれ　四風引」と記している。今の東京では「一ほめられ、二そしられ、三ほれられ、四かぜをひく」なのだそうだ。北海道も東京と同様であろうと思い、試みに大学生にアンケートを実施してみた。ところが、結果は意外なものであった。

まず、回数には関係なく「うわさ」が多い傾向にあること。そのなかには、一回目「良いうわさ」、二回目「悪いうわさ」というのが多かった。他の人が自分のことをどう思っているのか、絶えず気にかけている若者の心を端的に表わしているかのようである。また、地域差はほとんど認められず、クシャミそのものに何ら関心を示さない学生も少なくなかった。


テレビなどでお馴染みの「クシャミ三回、〇〇三錠」という息の長い風邪薬のコマーシャルは、どこの出身地のコピーライターが作ったのだろうか。東京のそれとは異なっているからである。

ここでは「三ほれられ」に注目してみよう。偶然にも『万葉集』の歌と一致する。
・うち**鼻ひ**〈嚔〉鼻をそひつる　剣刀《つるぎたち》　身に副《そ》ふ妹し　思ひけらしも〈一一・二六三七〉（突然クシャミがでた。それはいつも身に寄り添っている妻が私のことを想っているからに違いない）。
・眉根《まよね》搔き　**鼻ひ**〈鼻火〉紐解け　待てりやも　何時《いつ》かも見むと　恋ひ来しわれを〈一一・二八〇八〉（眉を搔き、くしゃみをし、下紐が解けて待っていましたか。早く逢いたいと恋しくてやって来た、この私のことを）。
これらの「ハナ（嚔）フ」はクシャミをする意味を表わす動詞である。奈良時代には眉がかゆくなること、下紐が解けること、とともにクシャミをすることは、人に想われていたり恋人が訪れて来る前兆と信じられていた。

ところが、これが平安時代になるとなぜか一変してしまう。

・「や、、鼻ひたる時、かくまじなはねば死ぬるなり」〈徒然草・四七〉（ええ、うるさい、クシャミをした時、このようにまじないを唱えなければ、死んでしまうのである）。

これは清水寺への参詣の道すがら、クシャミをして「くさめ、くさめ」と唱える尼さんの話である。

クシャミをしてギックリ腰になったという話を聞くこともあるが、当時の人々がクシャミを恐れたのは、鼻や口から息を激しく吐き出すことで、魂も押し出され死に至るのではないか、と考えるようになったのである。そこで魂を狙う邪悪なものを追い払うために呪文が必要になってきたようである。

このことは『枕草子』の「にくきもの（不快なもの）」の章段にもみられ、古くからの習俗であったことがわかる。クシャミをしたらそばにいる人が、その災禍を払うために、まじないのことばを唱えることになっていた。それをいかにも得意げに、自分で唱えてしまう人をおもしろくないと批判している。その後に、だいたい一家の男主人でもない者が、大きなクシャミをするのは威張っているようで不快だ、と記している。鋭い独自の感性で好き嫌いを判別する清少納言の人となりを、うかがえる場面でもある。

先にも触れた、魂を狙う邪悪なモノを追い払う具体的な誦文については、諸説があり一定しない。「クソクラエ」の意味の「クソハメ（糞喰）」がまじないの言葉であった、と考えるのが柳田国男である。これが転じて「クサメ→クシャミ」になったというのである。罵りのことばを発して邪気を払うところが面白いと思う。

一方には、古い文献に「休息万病《くそくまんめい》（命をとどめて下さい）」などのめでたい文句があげてある。そしてこれを急いで唱えると「クサメ」になるのだという。（本当だろうか）。

実は、平成五年二月二十八日の朝日新聞の「天声人語」でもクシャミを取りあげている。クシャミをする人がいたら、沖縄では「クスクェー」と合いの手を入れるが、これは「糞食らえ」の意味であり、まさに「くさめ」の語源でもある。今の日本ではどんな合いの手を入れるのだろうか、と結んだところ反響が大きく、三日間にわたり連載されることになった。

全国から数多く寄せられた「クシャミへの反応」を、次の三つにまとめているので紹介してみよう。

①　撃退型＝ののしりのことばを発して、邪悪なモノを追い払う。

②　健康祈念型＝健康や長寿を祈るための声をかける。

③　うわさ意識型＝他人がしきりに噂をしていることを気にかける。

さて、あなた場合は右のどの型に属するのだろうか。

ちなみに英語圏やドイツ語圏では、「お大事に」という健康を祈る表現がとられるという。このことは国境を越えて、クシャミは凶事として古くから考えられてきたことを物語っている。

「小人」は子ども？

平成二十八年三月二十六日から北海道新幹線が運行した。その新函館北斗駅の店舗名が「ほっとマルシェ・おがーる」に決まった。

このオガルは本来、東北や北陸から道南の浜ことばに入ってきた語で、北海道にかなり広く分布し、今日まだ多くの人々に使われている方言語彙である。

・「成長する事を　おかると云」〈俚俗方言訓解〉

・「おがった……小児の成長草木ののびをもいふ　江戸のびる」〈仙台浜荻〉

このように江戸時代に書かれた津軽や仙台の方言書にもみられる。江戸語のノビルと同様、草木だけではなく人間についてもいう、比較的古い語であったことがわかる。

日本語の語彙は豊富で、一つひとつの単語の示す意味の範囲が非常に狭いことを指摘したのはイザヤ・ベンダサン著『日本人とユダヤ人』であった。

しかし、どこの国の言語もそうであるように、日本語にもいろいろな不足したところがある。

たとえば、オトナ（大人）に対する child を意味する語が少ないことである。家族と離れてしまった次男が、「お兄ちゃんの名前は？」と聞かれたので、長男の名前を告げた。迷子のアナウンスはその長男の名でなされた、という笑えない話もある。

また、チゴ（稚児）がオガッて、親戚の人などから「大きくなったね」と言われたとき、それは「体格」なのか「身長」なのか、はたまた「年齢」なのか、まったく不明であり、判断できない。

三人兄弟の場合には、上を「大きいお兄さん」、その下を「小さいお兄さん」と呼んだものだが、少子化の今では、ほとんど耳にすることがなくなってしまったようである。

家族の間で弟や妹が「お兄ちゃん」「お姉ちゃん」と言えるのに、兄や姉が「弟ちゃん」「妹ちゃん」とはいえない。なぜなのだろうか。

目上のほうは目下の立場に降りて、自分のことを「お兄ちゃん」や「お姉ちゃん」というのである。このことは母親や父親も同様であって、年下の子供の立場に同調することで、そう呼ぶことが可能になる。また、相手を名前で呼べるのも目上に限られる。これに対して目下はいつも自分の立場からだけ、自分をとらえる仕組みになっているからである。

「（オ）ネエサン」は、はたして何歳くらいまでをいうのか、飲んだときなどに話題になることがある。一般には年ごろの若い女性を親しんで呼ぶ語である。また、芸者さんなどでは経験を積んだ人を呼ぶこともあり、年齢の幅がとても広いようだ。「ネエちゃん」は別の問題である。
函館の郊外にある銭亀沢町に、次のようなことわざがあるという。
・四十歳・五十歳なってもネエさんだ（嫁はなんぼなっても嫁だ）。
嫁のことを方言でネエサンという地方は多くはないが、東北では秋田だけのようである。これは舅《しゅうと》、特に姑《しゅうとめ》が嫁を呼ぶときの語である。

「少年」といえば、小学生・中学生くらいの男子を指すだろう。法律上は厄介である。少年法では二十歳未満の者をいい、児童福祉法では小学生から満十八歳に達する者をいう。いずれも男女を含むのである。これが結婚していれば、未成年でも成人としての扱いになるのだそうだ。

このように専門用語の意味が、世間一般の認識とずれていることが少なからずあり、国語問題の一つとなっている。

『国史大辞典』によれば、平安時代の歴代天皇の元服（成人式）の年齢は十五歳前後である。現代に比べると早すぎる気もするが、あの『源氏物語』でも光源氏は十二歳で元服加冠の儀を終え、その夜に左大臣の娘である葵の上（十六歳）と結婚している。この年齢の頃に、人間の頭脳もほぼ発達し終わるのだという。

今の子どもたちは、子ども時代に人間が人間になるために経験しておくべきことを経験させてもらっていない、と厳しく主張する人がいる。学校にばかり押しつけるのではなく、教育というものを親に返してみる必要があるのではないか、というのである。はたしてどんなものだろうか。子どもを産んだ責任は国家や社会ではなく、親にあるというごくあたり前の発想が、いつの頃からか忘れ去られてしまったようである。実の親による子どもへの信じられないような虐待が頻繁に報じられるようになった。

母親は幼子《おさなご》にとっての最初の国語教師である。親という存在は、価値観やものの見方を教えてくれる最初で最大のものである。もっと理想をいえば、子どもの隠れた才能を見つける機会を一番多くもっているのは親であり、それを社会に有用な形で引き出してやるのが親の仕事なのである。

「親は無けれど子は育つ」と、江戸時代の人はよく言ったものである。世の中の事はそう心配したものではないというのである。

しかし、今の時代はあまりにも価値観が異なり複雑化している。親はなくても子はオガルもの、であってはならないと思う。

乗り物の運賃や銭湯の料金表などに「小人」と書かれているのを、時たま目にすることがある。漢語の「小人《ショウジン》」は、「身分の低い者」や「教養がなく、心の正しくない者」をいう。中国や台湾などの漢字圏からの観光客には、「ダメ人間は半額」の意味に受取られそうである。

このように同じ漢字表記であっても、日本語との意味のズレを理解するのは難しいものである。

一声叫びはタブーだった

大声で叫んだり、泣きわめくことを古くはオラブといった。わが国最初の方言集である越谷吾山《こしがやござん》の『物類称呼』に、

・おめきさけぶと云詞のかはりに、九州及四国にておらぶと云。

などとあるように、江戸時代には九州や四国を中心とすることばであったが、それが北海道の内陸に伝えられることになった。

古い例としては、伝説歌人である高橋連《むらじ》虫麻呂の長歌にみられる。

・うち嘆き　妹《いも》が去ぬれば　血沼壮士《ちぬおとこ》　その夜夢《いめ》に見　取り続き　追ひ行きければ　後れたる菟原壮士《うないおとこ》い　天《あめ》仰ぎ　叫びおらび〔於良妣〕　足ずりし　牙喫《きか》み建《たけ》びて〈万葉集・九・一八〇九〉（嘆きながら彼女がこの世を去ってしまったので、血沼壮士がその夜彼女を夢に見て、つづいてあの世へ追いかけて行くと、後れをとった菟原壮士は天を仰ぎ、泣き叫んで、足摺りをして悔しがり、歯ぎしりをして勇ましく振る舞い）。

東の地方からやって来たプレイボーイから美しい乙女を守るために、同じ村の青年が憤然と立ち向かった。いやしい私のために、二人の立派な男が争うのを見ると、たとえ生きていても誰とも結婚するわけにはゆきません。女は「わが身を知る」ことでみずから命を絶ってしまう。壮士たちもあの世へ乙女の後を追いかけて行くのである。

妻争いの悲恋物語は、ここのほかに『万葉集』の別の巻にも詠まれ、『大和物語』や近代の文学にまで取りあげられている。有名な伝説なので、紹介が少し長くなってしまったが、「叫びおらび」とあることに注目するなら、オラブの本義は「泣きわめく」ことにあったと考えられる。

この語の用例は多くはないが、時代が降ると『日葡辞書』には、「大声でわめく」と記されている。意味の中心が「泣きわめく」から「大声で叫ぶ」ほうに移っている。さらに、江戸時代の九州の方言書『筑紫方言』では、単に「人を呼ぶ」ことを「おらぶ」といい、それは少しおおげさにも思われるが、古語のまま残ったものである、といった解説をしている。

怪異小説の傑作を数多く残した上田秋成は、中国文学に素材を求めるとともに、わが国の古典の表記や語彙を積極的に用いている。この語に関しては『春雨物語』のなかで、神主が祝詞を大きな声で読み上げるのを、「おらび声高らか也」と表現している。この「おらび声」というのは、秋成の造語のようにも思われたが、これは民俗学者の注目する語であるようだ。

常光徹氏は一声だけ「おらび声」を発することが、禁忌《タブー》として各地に伝承されていることを紹介している。たとえば、長崎県の対馬や峠付近などには、「一声おらび」という化け物が住むといわれる。山中や峠などは、霊的異界との境界と考えられる場所で、一声おらびに応えたり、一声だけおらぶようなことをしてはいけないのだという。「おらび声」には呪的な性格が認められ、時として神霊と交感する手段でもあったようだ。

ただし、一声おらびの禁忌は叫び声そのものが問題なのではなく、一声だけ、つまり一回限りの叫び声ということに意味の重点があると考えられている。

たとえば、ひとつ火はともさぬこと、という戒めは『古事記』以来のものである。一杯茶や一膳飯を嫌うことは、今に受け継がれている。その背景には、「二つ」揃っているものを正常、安定、日常性と認めるのに対して、「一つ」だけのものを異常、不安定、非日常性とみなす考え方が背景にあるようだ。

これを別の語でいうなら、「マ（真）」と「カタ（片）」の関係に似ているように思われる。カタは対《つい》や一組になったものの一片、すなわち不完全な、整っていない、少しのなどの意味を表す。例をあげるなら、「片生《おい》（充分に成長していないこと）」、「片言《こと》（小児などの未発達なことば）」、「片食《け》（朝夕二食のうちの、どちらかの食事）」、「片恋（一方的な恋）」など、主に名詞に付いて多くの語を作っている。ただし、いわゆる差別用語もここに含まれるので留意しなければならないだろう。

それに対して、マのほうは「真心」「真人間」「真清水」「真新しい」などのマのように、真に、完全な、純粋な、称賛（美称）などの意を表すのである。

入室の許可を得る際にドアをノックするが、何度たたくだろうか。アメリカ人は三回だが、日本人は二回ノックするのが一般的なようである。勿論、個人差もあると思うが、これは暗黙のうちに諒解している習慣である。だから誰かがやって来て、二回でなかったりすると、訪問者に対して違和感や、時には恐怖心を抱くことになる。

妖怪は人間に声を掛けるときは、いつも一声である、といわれている。だから、「モシ」とか「オーイ」と呼ばれても、返事をしない方がいい。

（もし、それが魅力的な女性だったりしたら、私なら「何かヨーカイ」と駄ジャレで答えてしまいそうだ、……クワバラ、クワバラ）。

死語になってほしい

長崎を旅したときに、崇福寺を訪れる機会があった。一六二九年、長崎に在留していた中国福州の人たちが創建したのが始まりである。南支建築様式をそのまま輸入したもので、わが国では他に類例がない、といわれている。国宝の唐門や本堂、重要文化財の御堂もすばらしかったが、境内にある「大釜」に心がひかれた。崇福寺縁起によれば、天和年間の飢饉《ききん》の際に、当時の禅師が書籍什物《じゅうぶつ》（日用の器具）を売って、鋳物師に注文して造ったものである。四石二斗を炊くという大きな釜で、人々に粥を施したと伝えている。さだまさしの喫茶店が近くにあるので、比較的わかりやすい場所でもあり、とても印象に残る寺院であった。

凶作などで食料が不足し、飢えて死者がでる、飢饉のことを青森、秋田、岩手の旧南部藩領、山形の庄内などではケカツといい、ケカチはその訛った形である。また、ケガジ、ケガズなどともいった。北海道にはケカチが伝えられることになる。これは本来、仏教に基づく漢語であったが、次第に日常の国語の中に浸透していった語だと考えられている。

これに対して宮城や岩手の旧伊達藩領では、ガスといったが、これには「餓死」の漢字が当てられるようである。それほど飢きんというものが悲惨であったことを示している。

ケカツとガスとが、はっきりと分布地域が異なるのは、江戸時代の藩制度が言語の壁になっていたことを物語っている。この現象はたとえば、オドロクが「目を覚ます」という古い意味で、旧南部藩の領域に分布していることなどと一致する。

単に飢え渇《かわ》くことをいうケカツと、飢きんの意を表わすケカチとは語形上の区別がなされていたらしい、という考えもある。この考え方に従えば、次の「飢渇」の読みが問題になるだろう。

・養和のころとか、……二年があひだ、世中飢渇《けかつ》して、あさましき事侍りき。〈方丈記〉（一一八一年の頃であっただろうか、二年の間、世の中は食べ物が欠乏して、とんでもないことがありました）。

右にあげた例の本文の後には、およそ次のように記してある。春と夏は雨が降らず、秋は大風や洪水などよくないことが続いて、穀物はまったく実らなかった。次の年も同じうえに、疫病まで加わって土塀の外側や道ばたに、飢えて死んだ者のたぐいは数え切れないほど多かった。（凄惨な描写はまだ続く）。

この作者は青年時代に度重なった天変地異を思い出しながら、飢饉の悲惨な有様を描きだしている。この場面の「飢渇」はケカチと読みたい。『日葡辞書』もケカチで項目を立てている。

江戸という時代は、人々が安定した生活を楽しむようになったといわれているが、地震や大火、そして飢饉が頻発した。「江戸時代の三大飢饉」といえば、享保（一七三二～三三年）、天明（一七八二～八六年）、天保（一八三三～三九年）の飢饉をあげるのが一般的である。数年に及ぶ冷害という異常気象の続いた天明の飢饉では、特に南部藩や津軽藩がひどく、菅江真澄はその惨状を、土地の人々の話を交えて『外が浜風』に書き綴っている。

・人の肉を食った者の眼は、狼などのようにぎらぎらと光り、馬を食った人はすべて顔色が黒く、いまも生きのびて、多くの村にいます。

このような凄惨な天明の大飢饉の際、道南の石崎では村人が山野にワラビの根やヨモギなどの青葉を採り、海に入ってコンブを取り、これをさらして粉にし、ワラビ粉と熱湯で練り、これとワカメや魚介類を食べることで、一人の餓死者もいなかった、といわれている。

古い調査になってしまったが、平成九年八月にアンケートを実施した。調査対象は小学五・六年生一四三人、中学生三百四十四人、高校生四百四十一人、大学生七十人である。これによれば、「ひもじい」の語の理解度は小学生二十九％、中学生六十七％、高校生七十％、大学生九十三％であった。ここからは学年が進むにつれて、理解されていく語彙であることがわかる。

飽食の時代といわれて久しい。「ひもじい」経験などはあまりしていないと思われるこの世代だが、最近、格差による子どもの貧困問題が浮上してきた。室町時代に「ひだるし」から女房詞として誕生したこの古い語はまだ生きているようであるが、いつまでも長生きしてほしくないことばの一つである。

我が国の食料自給率は、お米の需要減で五年連続の三十九％という、なんとも心もとない数値である。首都直下の地震が高い確率で予想されているが、大都市は地方や農村に食料を大幅に依存して成り立っているのが現実である。

また、異常気象と海水温の上昇による食糧難も予測されるなかで、昆布を始めとする海藻類や魚介類がより注目されることになるのだと思われる。

そのためにも放射能に汚染された水を海に流すのは、絶対に許されないことである。もし、汚染水を放流するようなことがあれば、福島の漁業は壊滅してしまう、とは漁師たちの偽らざる思いである。オリンピックを東京に招致する際、「汚染水は完全にブロックされている」、と首相が世界に発信したことばは重いものになっている。

奥さん方の嫌いなもの

あるテレビ局の番組のなかで、奥さん方に「夫の嫌いなところ」は何かを聞いたところ、なんと第一位になったのは「におい」であった。思わずわが身を省みながら、ふと思い出した歌謡曲がある。

・頬をよせあった　あなたのにおいが　私の一番好きな　においよ……泣きたくなるほど　あなたが好きよ　♪

これは箱崎晋一郎が昭和四十九年に歌った、ムード歌謡を代表する「抱擁」という曲の歌詞である。ここからもわかるように、女性の心を歌ったものである。「泣きたくなるほど　あなたが好きよ」と、男だったら誰でも一度はいわれてみたい歌詞が繰り返されている。

「あなたのにおいが、一番好き」だったのに、あれから三十年……ではないが、今では一番嫌いなものになってしまった、というのである。最近、なにかと話題になる加齢臭なるものをいうのだろう。

平成十二年に化粧品会社が中高年特有の体臭を加齢臭と名付けたのが始まりだという。

男女とも加齢臭はあるといわれているが、なぜ男だけが問題視されるのだろうか。それには臭覚は本能的に女性の方がすぐれているし、ニオイ対策の差にも大きな違いがあるからだろう。悪臭で迷惑をかけるとスメルハラスメントになるのだという。自分では気が付かないだけに、男にとってはいやな時代になったものである。

そもそも、臭覚を表わす語彙は、形容詞が発達し、多く用いられるようになった『源氏物語』においても、味覚や色彩感覚を表わす語と同様、とても貧弱なものである。その不足を補う「ニオイ」に関する擬態語も、たとえば、プンプン、ツン（と）、クンクン、ムッ（と）ぐらいなもので、ホンワカを加えてもきわめて少ない。日本語は擬音・擬態語が豊富な言語だといわれているなかにあって、これは珍しいことである。

中国語にはよい香りを表す擬態語が豊富だといわれているが、日本人はニオイに対して淡白であったことに起因するのかも知れない。平安時代に薫物《たきもの》と称し、室内にくゆらせ衣服に焚き染めた。さらに薫物合せ（香合）と呼び、香を競い合った。その流行は鎌倉時代以降も続いたが、その香りを具体的に表す語がないというのも不思議なものである。

今日、匂いを表現するには、「〇〇のようないい香り」、「△△のような嫌な匂い」、「××のように臭い」などのように、比喩を用いて表わすことが多い。

さて、ニオウ（ヒ）という語の本来的な意味を探ってみることにしよう。

額田王に歌いかけられたときに、天智天皇が答えた次の歌は、相聞歌の白眉《はくび》として有名である。

・紫草《むらさき》の　にほへる［尓保敝類］妹《いも》を　憎くあらば　人妻ゆえに　われ恋ひめやも〈万葉集・一・二一〉（紫草のように美しい色に映えているそなたが好きでないなら、人妻なのにどうして私は恋するだろうか）。

ニオウは現代語のように臭覚に関する語ではなく、「丹秀《にほ》ふ」で「赤い色が目立つ」が原義であると考えられている。ここも美しく映える意を表わす、つまり視覚表現に用いられる語であったのである。

ただ、万葉の時代にニオウが臭覚表現にも使われ始めたと思われる例もみられる。

・あをによし寧楽《なら》の京師《みやこ》は咲く花のにほふ［薫］がごとく今盛りなり〈三・三二八〉（奈良の都は、咲く花の色香が映えるように、今真っ盛りである）。

この歌は、往時の奈良の都の繁栄ぶりを礼讃したもので、奈良を訪れたときには、バスガイド嬢がよく紹介してくれる。ニホフに「薫」のような香りに関する文字を当てていることから、芳香を表わす用法もあったのではないか、と考えられている。

これが『源氏物語』になると、ニオウは視覚表現を受け継ぐと共に、臭覚の意味も明確になってくる。光源氏を始め薫の君も匂宮も、いつもかぐわしい香りが漂っていたと描かれている。ま

た、

・うち笑《え》みたる顔の、何心なきが、愛敬づき、匂ひたるを、「いみじう、らうたし」と思す。

〈松風〉(にっこりなさる無邪気な顔が愛くるしく、いきいきとした美しさを「すばらしく、かわいい」とお思いになる)。

久しぶりに明石の御方を訪れた光源氏は、輝くような明石の若君(後の中宮)と初めて対面する。そして源氏を感心させるほどの可愛い姫君が、この物語の世界に登場することになる。

・かかるけはひの、いとかうばしくうち匂ふに、顔をもたげたるに、単衣《ひとえ》うちかけたる几帳のすき間に、暗けれど、うちみじろき寄るけはひ、いとしるし。〈空蟬〉(しのび寄る衣ずれの音とともに、かぐわしい匂いがするので、顔をあげると、ひとえの帷子《かたびら》を引き上げてある几帳のすき間に、暗いけれども、にじり寄ってくる影が、はっきり見える)。

物思いのために寝付かれない空蟬は、光源氏のしのび寄る音といい香りに驚き、あまりに急なことなので、ほんの身ひとつでぬけ出す場面である。

人間の五官に関係することばが視覚から臭覚に変化したり、語義が通じ合うようなことは、しばしば行なわれているようである。わかり易い例でいえば、「きき酒」に「利」のほかに「聞」の字を当てるのは、「色を見る、口に含んで味わう」に加えて、「香りをかぐ」からである。

新村出によれば中国から入った香道において、「カオリをキク」というのは、漢語「聞香《もんこう》」を訓読したものであるという。これは耳の感覚と鼻の感覚とを共通の作用と認めたことから生れた語句である。

クサイが不快に感じることを表わすのに対して、ニオウは嫌な感じと快い感じの両方に用いられる。そもそも臭覚をいやな感じを与える意味に使うようになったのは、大分後になってからのことではないだろうか、といわれている。

カオリの方言のなかではカザが最も新しい語である。近畿を中心に中国、四国、九州などに分布している。文献に初めてみられるのは漢和字書である『和玉篇』（十五世紀末）で「香　カサ　臭　カサ」と記されていて、この語もどちらの意にも使われていた。これが道南の浜ことばとして伝えられることになるが、やはり悪臭に用いることが多かったようである。

ともあれ奥さんに、あなたクサイわよ、といわれたら、日頃の夫婦仲を内省してみる必要がありそうだ。長年にわたる不満の蓄積が、ほころび始めたのかも知れないからである。

なぜ、こんなにいろいろあるの

今からおよそ三十年も前の某女性月刊誌に、「子どもたちの言葉、気になりませんか」という記事があった。子どもに使わせたくないことばのワーストファイブとして、「ブス、うるせえ、むかつく、殺せ」に加えて「死ね」があがっている。

時を同じくして、まったく活気がない人をみたときに感じた様子を、「死んでる」と表現した若者語も流行っていた。これらから「死ぬ」に関する語は、当初は軽い気持ちで使われ始めたように思われる。こうした風潮がやがて、ことばによるいじめにもつながって行ったようである。そのことばを耳にすると、その時代のことが思い浮かんでくる、とはよくいったものである。

言うまでもなく、人間にとって「死」というものは、本来、忌むべき穢れたものであったことから、これを極力避けて間接的なことばで表したり、忌詞的な性格を含んだ語を用いて表現してきた。

こうした婉曲表現は英語にも多いという。「死ぬ」に関しては、「大多数の仲間になる」「魂を捨てる」「西へゆく」などというそうだ。

これに対して日本語には五十余語もあるといわれ、その数の多さでは比較にならない。その代表的なものとして、ナクナル、ユク、マカル・ミマカル、スグ・スギル、ゴネル、オワル、ミテル、マイル、メオトス、クニガエなどが挙げられる。これらのなかでスグの語は、古く『万葉集』にさかのぼって用例がみられる。

・ま草刈る　荒野にはあれど　黄葉《もみちば》の　**すぎ**［過］にし君が　形見《かたみ》とそ来《こ》し〈一・四七〉（草を刈る荒野ではあるが、お亡くなりになった皇子の記念の地であると思ってやって来たことである）。

これは、草壁皇太子（天武・持統両帝の皇子）の遺児軽皇子が、亡き父ゆかりの宇陀の阿騎野に遊狩したときに、お供をした宮廷歌人の柿本人麻呂がよんだ歌である。古来、この歌の詠まれた目的については議論されてきたが、ここにみられる「スグ」の語は挽歌に多く用いられている。人や物事が盛んな状態から衰退し、やがて消滅へと進んでいくことから、命が終わる意味に用いたのである。これが道南にも伝えられ浜ことばとして使われるようになった。

平安の女流作家、とりわけ『源氏物語』の作者は「死」や「死ぬ」というあからさまな語による表現を意識して避けている。全巻の五十四帖を通して約四百三十人もの人物が登場し、そのうち三十人ほどの死が取り扱われてれている。そこでは多彩な「死ぬ」の類義語が人物や場面に応じて巧みに使い分けられている。ここでは三人の女性を取りあげて、この物語の世界の一端を垣間見ることにしよう。

まず、桐壺の更衣の場合、物語の中心人物である光源氏の生母としては、具象性の稀薄な存在として描かれている。その死に際しても、宮中でいじめにあい病苦に悩んで危篤状態に陥り、やっと帝から里下がりを許されるが、あっけなく「絶えはて給ひぬる」ことになるのである。

また、女性として理想的な生涯を送ったといわれるのが紫の上である。しかし、光源氏の絶対的な愛を手にしていた彼女こそ、女三宮が正妻に迎えられたことで、みじめさと深い悲しみに耐えなければならない境遇になってしまった不幸な女性である。彼女の死は「若菜」の巻の病気から準備され、五つ後の「御法《みのり》」の巻ですべてを費やして書き進められている。ただし、臨終を迎えるに際しては、光源氏ではなく息子夕霧の眼を通して、「消えゆく露の心地して」重体となり、「消えはて給ぬ」と実にあっさり描かれている。

このように桐壺の更衣や紫の上には「絶えはて」、「消えはて」の下に、それぞれ尊敬語「給ふ」が用いられている。

一方、夕顔の死には、敬語が使われていない。某《なにがし》の院で光源氏が恐ろしさのあまり気を失っている彼女に「これ、これ」と声をかけ、起こしなさるけれども、身体はすっかり冷え切って、息はとっくに「絶えはて」ているのだった、とある。運命的な出会いを遂げた恋愛のさなか、女は男の腕の中で頓死してしまうのである。

あこがれの男主人公と正体の知れない下層階級の女との交情は、とても許されないものであったのか。夕顔は、亡くなった後に、実は故三位中将の愛娘であったと明かされる。これは光源氏の愛情を受ける女性は、やはり上流階級でなければならなかった、という紫式部の妥協であったのだろうか、読む人の心を迷わせる。

ついでにいえば、この物語の主要な女性である夕顔、葵の上、紫の上などが、八月十五夜の頃に亡くなって行くのは、民間伝承を踏まえた作為だろうと考えられている。つまり、月見は単なる風流の催しではなく、収穫期の直前であり、初穂を供養し農作の神を迎える日でもあった。それは妖怪の跳梁《ちようりよう》する時節でもあった、というのである。

塩味が足りないよ

旅行に出かける前には、目的地のガイドブックを購入して参考にすることもあるだろう。ただ、食事の情報に関しては、経験上あまりあてにはならないようだ。おいしそうな写真にひかれて料理店を探しあてたのに、期待はずれに終わることも少なくないからである。

最近では各地の観光案内所でもパソコンを駆使して、親切にあれこれ飲食店の情報を教えてくれるようになり便利だが、比較的早い時間に閉まってしまう。

次に考え付くのは、出かけた土地のタクシーのベテラン運転手に聞いてみるという手もある。タクシーを利用したときには、努めて運転手と話をするようにしているが、函館では観光客に多く尋ねられるのは寿司屋とラーメン屋であるという。寿司屋については、値段の手ごろな店や評判の店などを年齢層に応じて教えることにしているが、ラーメン屋のほうは教えないのだという。

その理由は味の好みが各人によってまちまちで、みんなが揃っておいしいという店はあまりない、というのである。確かに行列のできる評判の店でも、その日によってスープの味がかなり違うこともあるから、紹介しないほうがむしろ良心的なのだろう。

汁の塩味が足りないことをアマイというか、あるいはウスイというのか。東京方言ではアマイといい、北海道も同様であるが、はたしてこれが標準語になりうるのか、ということが問題になっている。

砂糖のアマサと塩味のウスサを区別する地域は、近畿を中心に北陸、四国、九州の一部から関東に及んでおり、これが新しい言い方になっている。ただし、この両者を区別する地域のなかにも、「甘味」と「美味」とを区別しない東北北部と鹿児島が含まれ、この体系こそが味を表現する語としては、最も古いものである、といわれている。

このことは古い辞書類に確かめることができる。

たとえば、平安末期の『類聚名義抄』に、「甜・旨・甘」（観智院本）などの漢字を「アマシ」「ムマシ」と訓《よ》んでいて区別がない。このことからアマイことが、すなわちウマイことであったのだろうと考えられている。

時代が降って、漢和字書『倭玉篇《わごくへん》』（慶長十五年版）には、「甘《カン》」「甜《テン》」を「アマシ」と訓んでいるが、ウマシとは訓まれてはいない。このことは料理法の発達によって、単に甘いということが、旨《うま》いことだけではなくなったことを意味している、と考えられている。

人が生れて初めに受け入れる味は甘味であって、それ以外の味はすべて拒否因子として働く、ということにとても似ているように思われる。

ところで、アマイの対義語は何なのだろうか。全国各地に伝えられているホタルに呼びかけるわらべ歌をよんでいると考えさせられてしまう。

たとえば、北海道では、次の歌が一般的である。

・ほ　ほ　ほたるこい
　あっちの水は　にがいぞ
　こっちの水は　あまいぞ

アマイと対立する形でニガイが用いられていることが特徴的である。これと同様なのは東北では秋田と福島ぐらいなものである。これを全国的にみてみると、群馬、埼玉、神奈川、富山、石川、滋賀、兵庫、奈良、岡山、愛媛、香川、福岡、長崎、熊本、大分など、多くが北海道の歌詞と一致する。

それではアマイに相対立する味はニガイなのであろうか。

確かにニガイは、一般に美味しいと感じることのない味である。また、対義語の多くは複合する性質をもっている。わかりやすい例でいえば、高いと低いから「高低」、長いと短いから「長短」のようになる。

しかし、この甘いと苦いからは「アマニガイ」などという形容詞は作られることはなかった。

現代語の通行の辞典において、「五味」の語釈は次のように記されている。

・甘い・辛い・すっぱい・苦い・塩辛いの五種の基本的な味。〈新明解国語辞典〉

この中からアマイと複合するのは、アマズッパイとアマカライとである。このうち、スッパイは「人生経験をつんで、世間の事情や人情の機微に通じ、分別があること」を、酸《す》いも甘いも嚙《か》み分けるというように、本来スイであった。このスとハユイ（まばゆくて顔が向けにくい、恥ずかしい意）とを組み合わせて作った新しい語である。

残ったカライこそアマイと最も近い関係で対立する味だといわれている。アマカライ（甘辛い）という複合語が作られていることがその論拠になっている。

ある国産のワインにはラベルの裏側にタイプという表示がある。その左から順に「辛口・やや辛口・ほのかな甘口・やや甘口・甘口」とあり、このワインがどれに該当するのか、マークがしてある。辛口というのは甘みの加わらないもので、日本酒の味に類推して名付けられたようである。辛口酒には辛味《からみ》成分はないが、糖などの甘み成分が少ないか、酸味が多いこと、これが甘口酒に比べて「辛い」や「辛口酒」といわれるようである。従って、アマイでなければカライ、カライでなければアマイという関係ができあがっていることになる。

ふたたびホタルのわらべ歌に戻ってみることにしよう。アマイとカライとが対応している歌詞を探してみると、

・ほたるこっこ　しろこっこ
こっちの水は　あまいぞ
あっちの水は　からいぞ
あんどんの光で　こっちへ来い

などのように、栃木の歌にみることができる。これは全国でもごく珍しいものである。珍しいといえば、もう一つ島根の歌を紹介してみよう。

・ほ　ほ　ほたる来い
かんから（貝殻）持て来い乳《ちい》飲ましょ
あっちのみざ　からいぞ
こっちのみざ　にがいぞ

ここでは「こっちの水はニガイ」とある。これではホタルはどこで水を飲めばよいのだろうか、困ってしまうだろう。

ただ、この後に次のような歌詞が続くことで問題は解決する。

いっち（一番）の中の清水《きよみず》
清めて飲ましょ

昨年、松江を訪れた折に、パワースポットを巡るバスのガイド嬢にこの歌詞を尋ねてみると、意外な答えが返ってきた。自分は島根で生まれ育ったが、このわらべ歌は知らないし、聞いたこともない。むしろ北海道のわらべ歌のほうを覚えている、というのである。彼女は石見銀山に近い美郷町《みさとちょう》の伝統芸能である神楽を後世に伝える活動をしながら、出雲国の神話に興味をもち、民俗学の立場から調べている勉強家である。函館に帰ってからも電話を掛けてくれて、あのわらべ歌は島根といっても、どこか限られた地域のものではないかと思います。神楽の仲間を始め、いろんな人に聞いても知らない歌だといってます。面白いので、もう少し調べて報告します、とのこと。（ホタルが彼女の知的好奇心に火を灯したようだ。神在月《かみありづき》のお陰とはいえ、有り難いことである）。

「辛党《から》」といえば、辛い食べ物が好きな人と思われがちであるが、酒の好きな人のことである。酒好きの人は、つまみ類に辛いものを好む傾向にあるところから、こう呼ぶようになったともいわれている。

伏見は女酒、灘は男酒（辛口）だという。ところが近年、その辛口の酒が少なくなったと嘆く声を飲兵衛諸氏から聞くようになった。このことは親父《おやじ》のような遊びを好むＯＬたち（おじん・おやじギャル）の出現に関係があるようだ。通勤の行き帰りに駅で立ち食いソバ、電車内で読むスポーツ新聞、栄養剤のがぶ飲み、競馬、ゴルフ好き、温泉好き、そして居酒屋でコップ酒などという生活力・行動力抜群な彼女たちのおやじ化現象である。ちなみに、おやじギャルという語は一九九〇年の第七回流行語大賞新語部門で銅賞を受賞している。

そういえば、ヨーロッパ、特にフランスなどでは、ワイングラスに日本酒を注いで飲むのがとても流行している。そのいくつかの銘柄酒を飲んでみて共通するのは、どれもがフルーティーで、ワインの味に馴染んでいる西欧人には好まれる味になっていることである。

フランスを旅した折に、スーパーで買い求めたビールが果汁のような味がして、甘いのに驚いたことを思い出す。日本のビールがドライ（辛口）になり、一方の日本酒はますます甘口になっていくのだろうか。

千利休の流れを継ぐ茶会の菓子も、恐らくは女性をもてなすために次第にアマイ御菓子に変わっていったのではないだろうか。酒と茶菓子の味の変遷に、いずれも女性がかかわっていることは興味深いことだと思う。

「シシ」、何を思い浮かべる

「シシ食う報《むく》い」ということわざが、江戸の辞書『和訓栞《わくんのしおり》』にみられる。これは「よい思いをしたからには、悪い報いもある」と解釈されている。ここでの「よい思い」、つまり「シシ食う」のシシとは、具体的に何を意味するのであろうか。

石垣福雄著『北海道方言辞典』のシシの項目には、①けもの。②シカ。③クマ。猟師が用いる。内陸のことば、といった解説があり、先の疑問には定かに答えてくれそうにないようである。これを文献上に確かめることが必要になってくるだろう。

・わご王《おほきみ》皇子《みこ》の命《みこと》……朝猟《あさかり》に　しし「鹿猪」ふみ起し　暮猟《ゆふかり》に　鶉雉《とり》ふみ立て　〈万葉集・三・四七八〉（わが安積《あさか》皇子が……朝の狩に鹿猪《しし》を追い立て、夕方の狩に鶉雉をふみ立てて）。

本来、シシは獣の四肢《シシ》、つまり肉を意味する語であった。その肉を食べるために獲る動物一般をシシというようになったと考えられている。右の例のように『万葉集』では、狩の対象の代表であった鹿や猪をシシ、また、ウズラとキジをもってトリと呼んでいる。鹿と猪とを区別するときには、ずっと時代が降った鎌倉時代の頃から前者をカノシシ、後者をイノシシと称して現在に至っている。

シシに関連しては、『万葉集』のなかに興味深い表記がみられる。

・やすみしし　わご大王《おほきみ》……猟路《かりぢ》の小野に　しし［十六］こそば　い匍《は》ひ拝《をろが》め　鶉こそ　い匍ひ廻《もと》ほれ　〈三・二三九〉（長《なが》皇子《の》が……猟路の小野に、鹿猪が匍って　礼拝しており、

鶉が匍いめぐっているが）。

右の歌の原表記［十六］をシシと読むのは、奈良時代、掛け算の九九がすでに行なわれていたことによる。このように数字による遊戯的な意図が認められる表記をほかにもみることができる。たとえば、助詞のシやトヲに［二二］［二五］、動詞のククる（結び合わせる意）のククに［八十一］、モチヅキ（満月）に［三五月］などを用いている。

いうまでもなく漢字はもともと日本語のために創られた文字ではない。系統も類型も異なる言語に使用されてきた表語文字である。こうした漢字を借りて日本語の表記に用いるわけであるから、これを使いこなし、十分な表現理解の手段として適応させるには、帰化人の助力があったとはいえ、かなりの苦心を伴い、従って長い年月を費やしたはずである。

先に示した数字の組み合わせによる表記は、いわば漢字に対する高度な教養や知識に裏付けられた余裕ある態度から生まれた産物であることを物語っているのである。

ここで再びシシに関することわざに戻ることにしよう。

・シシの角を蜂が刺す。

「シシの角」は鹿の角のこと。堅い鹿の角を蜂が刺しても、鹿は感じないことから、いっこうに手応えがない意で室町末期から用いられている。

・シシの角を揉《も》む。

鹿の角でサイコロを作ったところから、賭博《とばく》に夢中になることをいう。これも室町末期の狂言集に例がみられる。

・シシ待つ所の兎《うさぎ》。

これはねらった獲物とは別の思いがけない物を得ることのたとえである。これとは逆に、期待に反して取るに足らないつまらないものを手に入れた場合にはシシとはいわない。「鹿《しか》待つ所の狸《たぬき》」といい、この「鹿」は文字通りシカと読まれる。

このようにシシに関する古いことわざには、猪よりも「鹿」を意味するものが多い。従って、冒頭にあげた「シシ食う報い」とは、神仏の禁忌《タブー》である獣肉《しし》（主として鹿）を食べた報いであり、悪いことをした報いの意を古いことばで表現したものである。

実際のところ江戸の末期には、病弱者であったり寒の内に限って滋養のために牛肉、鹿肉を食べる風習があったようである。鹿のことをあからさまにいうのを避け、ロク（鹿）やヤマクジラ

（山鯨）と称したり、モミジ・モミジドリ（紅葉鳥）などといい換えたりしたこととも関連があるのかも知れない。

次に北海道に関する江戸時代の文献をみてみよう。

蝦夷地の自然・地理・民俗を観察し記述した菅江真澄の遊覧記にはシシが散見される。たとえば、松前城下を出発して太田山（現在の大成町）を往復した日記『えみしのさえき』には、山中でシシにあったことを記しているが、羆《ひぐま》の字を当てている。

立松懐之《かねゆき》著『東遊記』は、天明期の松前を中心に地理、人情、風俗などを詳細にまとめた幕府への報告書である。近世の資料として最も高く評価されているのは、

・（熊ヲ）蝦夷人はシシと呼び常に取りて食用となす。

などのように庶民の生活を記しているからであろう。

これらには記述の相違はあるけれども、いずれも熊のことをシシと呼んでいることで共通する。『日本国語大辞典・第2版』によれば、方言で熊のことをシシというのは、函館、秋田（雄勝郡）、山形、福島（南会津郡など）、新潟（中蒲原郡）などであり、北海道の独自な呼称では決してない。

秋田（鹿角郡）や山形（庄内など）では、熊をクマノシシと称するのは、鹿《カノシシ》や猪《イノシシ》の類推から生まれた呼称であったのだろう。

また、『松前方言考』に「ナヤノイミコトバ」という項目がある。これは松前藩の鰊漁場での忌詞のことである。その解説には「漁猟する網家というところには忌み詞がある。もしこれを犯せば海神の祟りがあって漁はとれないのだ」といった趣旨のことが書かれている。これは「沖ことば」ともいわれ、鯨をエビス、鰯をコマイモノ、狐をイナリ、蛇をナガイモノといい、この熊もヤマノオヤジと言い換えるのである。

熊石町のニシンの漁場にも七つの忌詞があったことが報告されているが、右に示したものはそれらとほぼ一致する。漁業に従事する人々は、生活を営む上で、これを忠実に守っていたことによるのだろう。

鹿に関してもう少し記しておこう。関西や四国のアホウに対して、関東以北などではバカという。このアホとバカとは等価値ではないようだ。アホで怒る東京人。バカで怒る大阪人。女性にアホといわれたら、メダカではないが、どうにも救いようがない。しかし、女性に色っぽい仕草を伴って、ささやくように「バカネ」といわれたら、これは大いに脈がある。オバカさんとはいえても、オアホさんとはいわない。逆にドアホウとはいっても、ドバカとはいわない。

このように平衡関係にならない語を探してみるのも面白いのであるが、次はバカの表記についてである。

江戸の大衆的な辞書である『節用集』などには「破家」や「馬嫁」という当て字もみられるから、比較的古い表記であったようだ。これらはすぐに用いられなくなってしまうことになる。「破家」は家財道具を失うほど愚かなことをいう。「馬嫁」のほうは、女性が怒ったからだろう、といわれている。その結果として、もっぱら中国の故事にならって「馬鹿」と書かれるようになったのである。

よく言われることであるが、漢字というものは男に都合のいいようにできているようである。「婦人」は嫁してはその家に仕える。「婦」という字は、女がホウキをもった形を表したものである。家の中をいつもきれいに掃除しておくのが「婦」の主たる仕事だ、というのである。

ひところ、家庭で「育児」「炊事」「掃除」の「三ジ」を受け持つ夫のことを、「三ジのあなた」と称して皮肉ったものだが、今や時代錯誤の感がある。イクメンも徐々にではあるが定着しつつある。

それにしても女偏の漢字には、たとえば「姑、奴、妖、妬、姪、媚、妾、嫌、婢、嫉、妄」など、何ともよくない意味やイメージを含んだものが少なくない。困ったものであると思う。

妻や母を何と呼ぶ

東北地方の方言では妻や母を表す語が多彩である。まず、オガダを取り上げてみよう。『源氏物語』のなかに、次のようにみられる。

・いと、暗くなる程に、宮より御使あり。折は、すこし物思ひ慰みぬべし。**御《お》かた**は、とみにも見給はず。〈総角〉（たいそう暗くなった頃に、宮から手紙のお使いがあった。悲しみにくれていた時であるから、姉の大《おお》君《いきみ》も少しは物思いがやすまるに違いない。妹の中君はその手紙をすぐにはご覧にならない）。

これは父八《はちのみや》宮を亡くして悲嘆にくれている中《なかのきみ》君のところに、匂《におうのみや》宮から手紙が届けられた場面である。作者は独身の中君を「御かた」と称していることから、本来、この語は高貴な女性への敬称であったことがわかる。

これが鎌倉、室町時代の頃になると貴人の妻の意味で用いられ、さらには他人の妻の意に転用されるようになる。また、武家の母や妻女をオカタサマと呼ぶようになる。これはオカタが使われている間に、その敬意が次第に薄れてしまったために、「サマ」という尊称が付加されることになったのである。

とかく敬語は使用されていくにつれて敬意がすり減ってしまうものである。やがて岩手や福島などでは自分の妻を「おらがオカダ」というようになり、この語も卑称となってしまう。

ただ、道南の高齢者の間では、まだ敬称としての意識で用いる場合のあることも指摘されているのは、古い用法を残しているということになる。


ひところ、「星たち」という表現をめぐって議論が交わされたことがあった。この語に違和感を抱くとすれば、それは「〜たち」が、主として「人」に関する語の複数形として用いられてきたからである。いつの頃から動物を「犬たち」「イルカたち」といい、さらには無生物をも「車たち」「ロボットたち」などといい、徐々に用法を広げている。そういえば、美空ひばりの『愛燦燦』の歌詞のなかにも「過去たち」とあり、今ではしっかりと定着した感がある。

また、茶道の表千家の一日は「玄関たち」の掃除から始まるといわれいてる。内弟子が玄関に寝泊まりするからだそうだ。

敬意が感じられなくなってしまったこの「〜たち」に代わって、敬意を添える複数形として進出してきたのが「〜がた（方）」である。ところが、道南の浜ことばには女性が多く用いるワタシガタという代名詞がある。この「〜がた」は複数を示すとともに本来なら敬意を表すはずであるが、一般に敬語が発達しなかった北海道では敬意は含まれず、単に「私」の複数しか表していない。時には一人称単数で使われることもあり、複数表現も不安定で、あいまいなものであった。

カガも東北から道南に伝えられ、浜ことばとして定着した語の一つである。先のオカタよりも使用例は新しいようで、『日葡辞書』に「カカは子供の言葉である。また、尊敬すべき婦人、あるいは、年長で一家の主婦のような婦人の意に取られる」のような解説がある。ここから、この語の語源には諸説あるなかで、幼児が「御方《オカタ》」＝母親を敬って呼ぶ小児語であったと考えられている。このことについては先述したところである。

江戸時代、いわゆる下層階級の間では、他家の主婦を指すようになる。たとえば、『仙台浜荻』には、

・「かゝあ　田舎の者は女房の事ををらがかゝあといへり　やまのかみ」

などのように記している。当時、仙台方言ではカカアと称したが、郊外では自分の妻を他人にいうときにはオラガを付けたという。オカタ同様、もはやそこには敬意は含まれてはいない。

また、仙台語のカカアに対応する江戸語としてヤマノカミ（山の神）が示されている。この語には『いろは歌』を基にした謎ことばとする考えもある。「うゐのおくやまけふこえて」の「おく」は「やま」の上《かみ》に置かれているので、奥方は「山の神」なのだ、というのである。古女房に

対する敬意とある種の畏怖をこめての呼称である、とするのが民俗学の見解である。

今では結婚後、数年（又は、数十年）を経て口やかましくなった自分の妻を、ある時にはちょっぴりからかったり、親しみを込めたり、時には卑しめていう場合もありさまざまである。

逆に妻が夫を卑しめていう際には、「宿のろくでなし」の意からこれをヤドロク（宿六）といったが、最近はほとんど耳にしなくなったようだ。勿論、宿六のような夫がこの世から姿を消してしまったからではない。


カカアの流れをくむ言い方は、現在でも「カカア大明神」や「カカア天下」など、親しみ半分の滑稽な気持ちを込めて用いられている。これらの熟語はいずれも清音であるが、これがカガ、ガガと訛り、濁音になるに及んで、子どもや夫にあれこれ口やかましくいっている母親の姿が目に浮かんでくるから不思議なものである。

また、夫より年上の妻のことを津軽などではヘラ、ヘラカガといい、これが北海道にも伝えられることになった。松木明氏によれば、ヘラは主婦権を意味する飯篦《めしへら》にもとづくという。一歳年上のときは一本《イッポン》ベラといい、金の草鞋《わらじ》を履いて探せ、といわれている。家事を任せられる頼りがいのあるいい妻になるのだという。


昔、結婚するときに、妻になる人を食べてしまいたいほど可愛いと思った。今になって考えると、あのとき食べておけばよかった、と後悔している人も少なくはないようだ。

しかし、かつて何が人生最高の贅沢かといえば、アメリカ人と同じ給料を貰い、イギリス人みたいな家に住み、日本人の妻を持ち、中国人のコックを雇うことであった。時代の経過とともにこの状況もずいぶんと変わってしまったようであるが、「日本人の妻」だけは今もそうであると信じたい。

女性の側からの「結婚の条件」なるものは、「カーつき、ババ抜き、昼寝つき」を始めとして、「ローンつき、炊事抜き、カルチャー行き」→「離婚つき、ミシン抜き、保険つき」などのように、時代の移り変わりとともに、目まぐるしく変化している。今はどうなっているのだろうか。

あの紫式部は「妻選びの三条件」なるものを雨夜の品定め（帚木の巻）のなかで、物知りの博士である左馬頭《ひだりうまのかみ》に語らせている。理想の女はいないと前置きしておいて、容姿や身分は問題ではない。ひねくれ者は困る。「素直で、誠実で、落ち着いていて分別があればよい」。もしも、学問上の才能とか趣味があったらそれはもうけものだ、というのである。

当時は一夫多妻の習俗があったので、結婚は女性にとってかなり深刻な問題であったが、ここには一千年余の時空を超えて、現代にも通じる真理があるように思われる。いかがであろうか。

ナズキヤミ、どこが痛いの

ナズキとは、平安時代の辞書『和名抄』に「脳　奈豆岐　頭中髄脳也」とあるように、本来は脳や脳髄を表していた。これが頭頂部を経て頭全体の意味に移行したのは、室町時代の中頃と考えられている。

しかし、ナズキは農耕民族である日本人にとっては、内臓を表す語彙と同様に実際の生活とはあまり縁のない語であったからなのだろう。その用いられている場面によって偏りも認められる。たとえば、『平家物語』のなかに「清和の皇太子を天皇の位に即《つ》かせようとして、恵亮《えりよう》和尚が自分の脳髄を独鈷《どつこ》で砕いて、これを乳木に混ぜて護摩《ごま》に焚き、黒煙を立てて、数珠をさらに一揉《も》み揉んで祈願した」ことが記されている。これを「ナズキヲ（ツキ）クダク」と表現している。これがやがて「一心に打ち込む」意味を表す慣用句にほぼ限定されて使われるようになる。『曽我物語』にも、「独鈷を以て、みづからなづきをつきくだき、なうを取り、」などのように同じような慣用句的な表現がみられる。ここでは「なづきを（つき）くだく」が「なう（脳）」と対して用いられている。つまり、このナズキは頭のことである。

江戸時代には、東国でも脳から転じて頭の意で使われるようになっていた。そのことは、『東海道中膝栗毛』のなかに出世ができないことを「なづきがあがらない」という例のあることからもわかる。

更に、ナズキが頭の意味から額の意になるのは、東北地方で生じた語義変化である、と考えられている。これを地域でみてみると、主として岩手（伊達）・仙台が「頭」の意味を示す。これに対して、青森（津軽、南部）・岩手（伊達、南部）・山形（庄内）・福島などでは「額」の意で用いるようである。

北海道では、『松前方言考』に「額の事をさしてナヅキと云ふ」とあるが、石垣著『北海道方言辞典』には浜ことばとして頭と額とが併記されている。これらの記述から額に遅れて頭の意が伝えられたものではないかと推定される。

また、ナズキヤミに関しては、『仙台浜荻』の記載が古くて数少ない珍しい例になっている。仙台方言「なづきがやめる」をあげて「頭痛の事」だと解説している。この助詞「が」を表現しない現象によって名詞形ナズキヤミが成立することになった。

これに対応する江戸語として「づつう（頭痛）がする」をあげているのは、当時、江戸ではナズキの語は使われなくなっていたのだろう。

ナズキのように身体の部位を表すのに、本来、一部分や内部を指していたものから、より大きな部分や全体を意味するようになる似たような例としては、「ひとみ（瞳）」「まなこ（眼）」などがあるといわれている。このことを理解しておかなければ、さまざまな誤解が生じてくることになる。

そこで思い出されるのが昭和五十五年頃に、もんたよしのりが歌って数々の音楽賞を獲得した「ダンシング・オールナイト」の歌詞である。

・このままずっと　ダンシング・オールナイト　瞳《ひとみ》を閉《と》じて　♪

この「瞳を閉じて」とは、論理的にいえば「瞳孔が閉じてしまった」とか「失明してしまった」とかいう意味だから、「瞼《まぶた》を閉じて」が正しい言い方ではないか、という疑問の声が出され、専門誌に取り上げられるほど話題になったことがあった。

この当時は、「瞼」といえば「瞼の母」といった湿っぽい感じがするのを嫌ったのではなかろうか、という見解も出された。

はたして、「瞼」は単に湿っぽいイメージを与える語なのであろうか。たとえば、

・やさしく抱かれて　瞼をとじて　サックスの嘆きを　聴こうじゃないか　♪

などのように、デュエット曲の元祖ともいうべき『銀恋』と呼ばれ親しまれている『銀座の恋の物語』にも用いられている。この歌詞のなかで、特に女性がしみじみと感情を表現する上で、なくてはならない部分を担っている、それが「瞼をとじて」なのである。

言うまでもなく身体部位の名称は、語彙体系のなかで最も基本的なものである。ところが、現代の児童・生徒たちは身体部位の名称を知らないばかりか、自分の体にひどく無関心になっている、という小学六年生を調査対象にした報告もある。「目」に関しては、「目頭があつくなった」の「目頭」や「目尻にしわを寄せて笑った」の「目尻」は、それぞれ十二%、十三%という低い理解度になっている。

しかし、身体語彙に関する表現を理解するのは大人でも難しいことの例は過去にもあった。たとえば、「コマタ（小股）のきれ上がった女」という「小股」とは、一体どこを指すのか話題になった。当時、胴長で短足体型の日本人にとって、長身ですらりとした足の女性は羨ましがられたことも議論に拍車をかけたようである。

また、不審がったり、不思議に思ったりすることを、「コクビ（小首）を傾《かたむ》ける、傾《かし》げる」などというが、「小首」という部分があるわけではない。味のある洒落た言い方ではあるが、それだけ理解するのは難しいということだろう。

本書で取り上げるのをやめてしまった語の一つにカイナがある。その訛ったケァナは道南の浜ことばであるが、奈良時代には「臂・肘・肱・腕」などと表記されていた。カイナとはどこのことを指すのか、時代的な変遷が問題になる。結局のところ、若年層というのは単語の学習期間中でもあるが、わずかな身体語彙を除いては今後、どんどん死語化していくものと推測される。

一生懸命やってるの？

昨年、十一月に大雪に見舞われたのは北海道でも六十余年ぶりのことであった。除雪車も間に合わなかったようで、まさに雪をコイでの早朝の通学や通勤にはさぞ難儀したことだろう。

雪を踏み分けて進むことをコグというが、この語は舟をコグことからきたものだろうと考えられている。舟が水を分けて進むように、障害となる物を押し分けながら行く意味で古くから用いられている。

たとえば、江戸期の雪国百科全書ともいわれている『北越雪譜』には、「橇《かんじき》をつけて雪を漕ぎながらあゆむ」ことを「里言にこぐという」と記している。豪雪地帯に特有の語として意識されていたようだ。そのことからこの語は雪の多く降り積もる北陸地方・新潟で生まれたものが、次第に東北地方・津軽にまで伝播したものである、とする説がある。

しかし、さかのぼって室町時代の中頃の『義経記』にすでに用例がみられることに注目しなければならないだろう。兄頼朝との不仲から鎌倉勢に追い詰められ、吉野山中に逃げ込んだ源義経は疲れた体を休めていた。そこに吉野の法師が押し寄せてきたので、義経一行は落ちのびることにしたが、佐藤忠信なる人物が義経の身代わりとなって一人残り防戦することとなった。その忠信の様子を、「重き鎧は著《き》たり、雪をば深く**こぎ**たり」と描写している。

この物語については作者、成立年代ともに未詳であり、よくわからないことが多い。たとえば、東北文学的な要素も色濃いが、一方では、京都中心の「室町時代」の物語であったのではないか、という考え方もある。そのなかにあってこのコグという語は東北文学的な要素の一つであったと考えてよいのかも知れない。

ただし、同じ室町時代の『田植草子』にも、歩きにくい沼田の中を歩いて行くことをコグと表現している。この歌謡は古代の農耕神事を伝承した歌詞を書き留めた田植え唄と考えられている。そのことからすれば、この語はかつて中央で話しことばとして用いられていたことも否定できないことになる。一般に口頭語は文献には現れにくいものである。

これらの雪をコグや沼田をコグに次いで、江戸時代の『津軽道中譚』には、

・「四十八川の深みを、**こぐ**ときァきん玉へ水がついて、下はらがいたむといって、わしにおぶさったじゃァねへか」〈発端一〉

などのように、津軽生まれの弥太八は会話のなかに「川の深みをコグ」を使っている。話しかけられた江戸っ子の喜次郎兵衛は、その「コグ」の語に何ら違和感を抱くことなく話が展開してい

く。このことは、かつてこの語が江戸でも用いられていたのではないだろうかという推定を導く。

こうして障害になるものを押しのけて、一生懸命やるという抽象的な意味から派生して、後世、「自転車をコグ」、「ブランコをコグ」、「竹やぶをコグ」などといったさまざまな言い方もごく一般的に使われるようになるのである。

松木明氏によれば、津軽では用法がより広いようである。例えば、「群衆の中を押し分けて歩く」ようなときにもコグを使うという。また、「お節介《せっかい》」をテッパリジャッココグというのだそうだ。


ところが、コグが必ずしも一生懸命にやるという意を含まないこともある。それは居眠りをする意味を表すフネコグ（船漕ぐ）である。近松門左衛門の浄瑠璃に「空居眠の船漕げば」とあり、すでに江戸時代から用いられている。

居眠りしている様子が、舟を漕ぐ様に似ているところから、これを見立てたものである。なかなか洒落ていて、うまいたとえだと思うのだが、今どきの女子大学生にいわせると、「ニュアンスはわかるけど、少々ダサイ気がする」とのことである。そのダサイもほとんど耳にしなくなってしまったのだが。

米川明彦編『老人語辞典』には女子大学生からみた現代の老人語「古いことば」が百七十一語

も示されていて、彼女たちのコメントがなかなか興味深い。それらのなかには、「汽車」「手ぬぐい」「腰掛け」「上等」「ズボン」「ちり紙」「寝まき」などのように、普段、それほど違和感なく使っている語も含まれている。やはり年寄りの感覚なのだろうか。

かつて中国の留学生にズボンを最近はパンツということを、わかってもらうのに苦労したことを思い出す。自分の使っていることばが正しいと思い込むのは、日本人だけではないようだ。

また、「ズック」もオランダ語のドウーク（亜麻布）に由来する古い語で、老人語として扱われている。しかし、

・私の故郷の山形県鶴岡市では、運動靴のことをズックと言っています。室内用は「内ズック」、室外用は「外ズック」と言います。東北の他の県では、ズックは通じますが、室内用は「中《なか》ズック」と言うようで、少し違いがあることに気付きました。北海道ではズックすら通じず、驚きました。〈二年・女子学生〉

ズックは青森、秋田、岩手出身などの大学生が使っていて、素材が変わっても名称が残った珍しい例である。つまりは老人語の範囲も地域によって異なるということになるのだろう。

もう一つ「おいど」について記しておこう。この語は古く室町時代の文献にもみられ、「お尻」の女性語である。上方のことばであり、関東以北では用いられなかったようである。NHK朝の連続ドラマ『あさが来た』のなかで、大阪商人の男連中が女主人公の後ろ姿をみて、「立派なおいどや」というセリフが何度かあった。当時、男も使うようになっていたということなのだ

ろうか。

ともあれこのドラマを学校に行くまでの間みているという、千葉に住む小学校四年生の孫娘に聞いてみたところ、教室では男子が使っているのだという。一過性のものかも知れないが、もはや死語になりつつあった老人語を若年層に使わせる高視聴率ドラマの影響力の大きさを、あらためて実感したのだった。

なお、一生懸命になったり、夢中になることをハッチャキコクという。コグとは意味も似ていて紛らわしいのだが、これとは別の語である。こちらのコクは本来、「狭いところを無理やり通す」といった意で、稲作の脱穀を「稲こき」という語にその原義を求めることができる。「ダハンコク」、「ヘコク」、「イイ（エエ）フリコク」、「ウソコク」などの例があり、どれもあまりよくないニュアンスを含んだ動詞になっている。

従って、これらのコクを、たとえば、「ハッチャキになる」、「へする」「イイフリする」、「ウソいう」・「ウソする」などと言い換えることで、普通の言い方が新たに生まれたものと考えられている。

どうして親指を隠すの

親指のことをオドユビというのは青森や岩手などであり、これらを経由して北海道に伝えられたものと考えられる。ここではその名称の経緯を探ってみることにしよう。

本来、この指は『和名抄』や『名義抄』にみられるようにオホオヨビであった。当時、ユビという語もあったが、オヨビが一般には通用するものと思われていた。

そのことは『伊勢物語』のなかに確かめることができる。昔、男が宮仕えをしに行くといって女のもとを去ったまま帰ってこなかった。待ちくたびれていたところ、とても親切に心を込めて言い寄ってきた男に、女は三年目の今宵結婚しようと約束した。そこにもとの男が帰ってきて事情を知り、女の幸せを願って立ち去ってしまう。女はその後を追いかけていったが追いつけず、**オヨビ**をかみ切って、流れ出る血で歌を岩に書きつけ亡くなってしまった、というのである。

また、『源氏物語』の「雨夜の品定め」にも、左馬の頭が嫉妬深い「指喰《ゆびく》いの女」にオヨビを噛《か》みつかれてしまった体験を語る場面にもみられる。

少し時代が下るとオホオヨビは、重複している母音「オ」が脱落してオホヨビになった。一方、一般に用いられていたオヨビも、やがてユビへと移行したことに伴って、オホヨビからオホユビに変わり、室町時代の頃にはこの語形が中心となる。これ以降、広く「大指《おおゆび》」の名前で親しまれてきたが、江戸時代になって、オヤユビがオホユビを圧倒する。この指を「親指」と呼ぶようになるのは、親指から親を連想しやすかったことに起因するのだろう。雇い人や弟子などが親指を立てて示すことは、主人、亭主、親方のことを意味した。文献をあげるなら、『浮世風呂』では「親指」が亭主を表すのに対して、「小指」は女房をいう語として用いられている。現在、小指が妾や愛人などを意味するのもここに由来する。

まわりくどい説明になってしまったが、オトウ（御父）ユビの訛りがオドユビなのである。

手のユビの命名は、主としてその働きによると考えられている。人を指差すときのユビ、粉薬を混ぜ合わせるユビや口紅をさすユビなどがそれである。

この親指についてはどうなのであろうか。先に触れたように、父親を意味するユビということなのであろうが、命名には関係しない「爪弾《つまはじ》き」をするときの行為を担っている。これは人差し指を親指の腹に当てて弾く行為で、平安時代の文献に例がみられる。

・日ひとひ、かぜやまず。**つまはじき**してねぬ。〈土佐日記〉

紀貫之は任国の土佐から都に帰る途中、海が荒れて一日中風が止まなかったので、船を留めたまま二日間も過ごさなければならなかった。そのやるせない気持ちが「つまはじきして」寝た、というしぐさに込められている。

・「いづこの。さる女かあるべき」「おいらかに鬼とこそ向ひ居たらめ。むくつけきこと」と、爪弾《つまはじ》きをして、……〈源氏物語・帚木〉（「どこに、風邪を引いたくらいでニンニクを食べる女がいるはずのものか」「そんな女といるくらいなら、むしろ鬼と向かい合っていた方がいいだろう。気味の悪いこと」と、爪弾きをしながら、……）。

これも「雨夜の品定め」の例である。藤《とう》式部丞がある博士の娘に言い寄ったときの体験談である。その女は風邪を引いて草薬（韮《にら》や大蒜《にんにく》）を飲んでいたために、とても臭く逃げ帰ったと話した。それを聞いていた公達《きんだち》にはこの女の考えが理解できなかった。たかが風邪くらい、比叡山の僧呂にちょっと祈ってもらったらすぐ治るのに、と女を憎みさげすんでのしぐさが爪弾きなのである。

今日では、このしぐさを日常生活のなかでみかける機会はほとんどなくなってしまった。残っているのは、仲間はずれにされるとか、排斥されるといった意味で、「爪弾きされる」という受身表現の形である。

ごく最近、この親指が医学的に注目されるようになった。それは親指を曲げたり伸ばしたりして刺激することで、脳がたちまち若返るのだという。（早速、キーを叩く合間に実践することにしているが、効果はまだないようだ）。

親指に関係した俗信も少なくない。たとえば、霊柩車、夜道、葬式、墓、狐、猛犬、カラス、病人の家など災厄《さいやく》を防除しようとする際には、親指を手のひらに包み込み隠すというものである。これは邪悪なモノの類いが指先、特に親指の先から侵入するのだ、という考え方が背景にあるといわれている。

縁起をかつぐといっても職種や世代によってかなり異なるだろう。何かで読んだが、証券マンというのは、エビとカニは食べないという。締まり屋なのか、はたまた粗食なのかと思ったら、そうではない。エビは後退するし、カニは横に歩く。どちらも株価が下がる、横ばいになるからである。

このことをある証券会社の中堅社員に聞いてみたところ、そのことは知ってはいるけれども、エビやカニで縁起をかつぐようなことはない、という答えが返ってきた。以前とは大分意識が変わってきたようである。それならばウナギやコイはどうなのであろうか。「ウナギ登り」ともいうし、「コイの滝登り」ともいう。こちらは残念ながら聞きそびれてしまった。

一般教養で『雨月物語』を大学生と鑑賞していたときの課題が「どんなときに縁起をかついだり占いを信じたりしますか」であった。そのなかからいくつか紹介してみよう。

やはり多いのは大学の受験に関するもので、母親がトンカツ、カツ丼、カツサンドを作ってくれた。当日はキットカット（チョコレート菓子）を食べて臨んだという。

また、クラブ活動の試合のある日には、よくカツゲンを飲んだが、効き目があったかどうかは疑問です、とのこと。試合の日には右足から家を出る。スバイクは右足からはくようにしているなどというのもある。これらからは、奈良時代の「足占《あうら》」（片足を吉、片方を凶として、目的地に達したときに踏んだ足で判断する）を思い浮かべてしまう。

正月の初詣には家族や友達と出かけるようにしている大学生の、おさい銭は五円（ご縁）派と二十五円（二重にご縁）派とに分かれる。どちらも女子学生である。

・友達からため息をつくと幸せが逃げる、と教えてもらった。（その友達は、思わずついたため息をすって飲み込んで、幸せを戻していました）。〈一年・女子学生〉

恋愛に関するものも少なくない。これもすべて女子学生である。

・友達は占いとかおまじないが大好きで、恋が実るおまじないを教えてくれる。「好きな人の名前の字数だけピンクのビーズを用意して、一週間ハンカチに入れて持ち歩くと恋が実るよ！」など多数のおまじないを実践している。まだ「彼氏ができた」という報告はない。〈一年・女子学生〉

・テストの解答用紙の氏名欄に好きな人の前を書いて、終了五分前にそれを消して自分の名前に書き直して提出すると、両想いになるという。実際にやっていた人もいたけど、終了直前まで書き直すのを忘れて、焦っていた人も多かった。〈一年・女子学生〉

遠くハンガリーから『枕草子』を研究するためにやって来た女性の留学生は次のように綴ってくれた。

・鏡が割れると、七年間結婚することができない。

食事の時、テーブルの角に座ると、一生結婚しない。

両方とも、ハンガリー、又はヨーロッパの迷信であると思う。

どこの国であれ、若い女性の関心事は変わらないようである。

俗信や縁起には関心をまったく示さない学生もいるが、それはごく少数派である。多くが日常生活のなかで何らかの形で縁起をかついだり占いを信じている実態は、予想外のことであった。こうしたことは社会的、経済的にも不安定な状況にある大学生の心理を象徴しているのであろうか。

次に親指に関するものを紹介することにしよう。

・霊柩車が通ったら親指を隠す。そうしないと死ぬと友達に教えられた。〈三年・女子学生〉

ところがなかには、

・霊柩車を見るといいことがある。小学生のとき、友達から教えてもらいました。〈一年・女子学生〉

などというのもある。霊柩車を吉の前兆とするのは、親指を隠すという行為とは相反するものである。

さらには、

・救急車が通る時には、親指を隠さなければならない。〈二年・女子学生〉

・救急車の音がしたら、親が死なないように親指を隠す。これは気が付いたら知っていた。〈同　右〉

などのように、親指を隠す隠す対象が「霊柩車」から「救急車」や「その音」に変わっている。こうしたことは、霊柩車を町中でみかけることが少なくなったことで、この俗信の新たな広がりを物語るものなのだろう。

これを現代社会とのかかわりのなかで、若者たちの不安が変質していく関係の一端が表出したもの、と解釈することもできる。

昭和五十五年頃、「口裂け女」のうわさ話が流行った。大きな白いマスクをした女が追いかけて来るという恐ろしい話である。

この話がその後、どのように流布されていったかを大学生に調査した野村純一氏によれば、初期の頃は口裂け女は一人だった。二、三年経過した時点では三人姉妹の末っ子ということになっていた。そして、口裂け女に追いかけられたときには、呪文を三回唱えれば逃れられる、という話になっていった。末っ子という点と三回の呪文という点が重要なポイントになっている。これらは日本の昔話の伝統的な様式であり、単なる噂話に終わってはいない、というのである。

親指に関する俗信も人々の意識の変化に伴い、今後どのように変貌していくのか注目したい。

ビッキとモッケ、赤ん坊はどっち？

「赤ん坊」を表す方言語彙も東北地方では多彩であり、同じ県内でも複雑に分布がなされているようである。

まず、一般的なオボコについては、本来、ウブ（産）にコ（子）のついた語に由来する。『日葡辞書』にも「ウブコ（産児）今生まれた赤子」との記載がみられる。

この語が江戸時代に音変化してオボコに転じたことは、以下の文献の記述に確かめることができる。

・「小児　をちご……案に、奥羽にて、ぼことといふ詞は古代の遺語《いご》なるべし。東武にても、ぼこと云」〈物類称呼〉

・「ヲボコ　小児のこと」〈仙台方言〉

・「ヤヤ　赤子　オボコ」〈御国通辞〉

これらから（オ）ボコは関東や東北地方などで小児を表す古い語であったことがわかる。ただし、第三例では、盛岡語のオボコに江戸語としてヤヤが対応して記されているが、『物類称呼』

よいだろう。

も指摘しているように、ヤヤコ、並びにその略語のヤヤは、「諸国の通語」として扱ったほうが

また、オボコも江戸時代の文献でいえば、浄瑠璃などに例がある。その用法を具体的に眺めることで、関東や東北地方との違いを捉えることができるだろう。

・「其の器量のよさおぼこさ。道頓堀の若衆方女方引湲《ひつさら》へても気《け》もないこと」〈夕霧阿波鳴波・上〉

四国からやってきた「元服前の侍」を、いかにも顔かたちがよく、初心《うぶ》らしい様子だと形容している。道頓堀の芝居に出る少年役者をあまねく探してみても、これに及ぶ者は一人もあるまい、というのである。

・「母に代わって出向や、。いかや、いかや」と問返せば、あいともいやとも返答は　赤らむ顔のおぼこさよ。〈仮名手本忠臣蔵・第二〉

母親は娘に、男に会いたいだろうから自分の代わりに出迎えるように促すと、娘は返事もせずに顔を赤らめるほどのうぶな様子である。

これらの用例からオボコは、主として上方では世間のことをまだよく知らない、すれていない男子や娘を意味する。前の例がうぶな男、後の例は生娘のことであり、文脈によってそれらを区別することが必要になってくる。

一般に東北ではオボコは、子どもを表すことは先に触れたが、これは中流家庭で用いる語であり、その下位に位置するのがワラシである。この語には少し卑しめた意が含まれいる。これはワラシシュウ（童衆）から転じてできたと考えられている。この語も男女の区別なく用いられていたが、明治になってオトコワラシ、オンナ（オナゴ）ワラシという呼称が東北地方で生まれた背景には、こうした不都合さを解消する必要性があったのだろう。これが恐らくは、山形、仙台などを経由して道南に伝えられ浜ことばとして定着することになったと考えられる。

ところで、浜ことばでいえば、ビッキは「赤ん坊」のことをいい、また、「カエル（蛙）」のことでもある。ヒキガエルの省略形ヒキが促音化し、濁音で始まる語になったものである。

さらには、モッケの語も「赤ん坊」と「蛙」の意を表す。これはのっそりとした緩慢な動作にもとづいた擬態語であり、おそらく嬰児《えいじ》の格好が蛙に似ているところから、モッケと呼ぶようになったのではないか、というのが松木明氏の考えである。

問題なのはなぜ赤ん坊のことを、ビッキといいモッケというのか。同様に蛙のことをビッキといいモッケというのか、こうした道南の浜ことばの複雑化した背景についてである。

ここからは少し専門的な話になってしまうのだが、ことばの地域差に注目してその分布を調べ、歴史的な変遷を推定するのが言語地理学的方法である。本来、フランスで発達したの方法を柳田国男が取り入れて、昭和五年に『蝸牛考』を刊行することになる。この本のなかで数多くあるカタツムリを表す語を五つに整理分類し、近畿に分布するデデムシ系が最も新しく、その外側にマイマイ系、さらにその外側にカタツムリ系があり、最も古いとされるナメクジ系が一番外側にあることを実証した。それでナメクジ系が弘前や鹿児島という離れた所に残っていることの説明が可能になったのである。つまり、文化の中心から離れた地方になるほど古い語が分布しているという理論で、自らこれを「方言周圏論」と称した。

この方法を津軽方言に利用して興味深い結論を導いたのが松木明氏の「ビッキとモッケ」(『津軽語彙　3』所収)である。蛙を表すのに弘前を中心とする津軽の南部ではビッキ、青森・黒石・五所川原・鰺ヶ沢などを含む津軽の北部ではモッケを用い、その境界が弘前市のやや北を東西に走ってはっきりと分かれていることを指摘した。

これを民族の移動によるものと考え、まずビッキ(赤ん坊をモッケ)を使う民族が古く津軽の南部に定着し、遅れてモッケ(赤ん坊をビッキ)を用いる民族が北秋田から海路で日本海か、それとも南津軽郡を経由して津軽の北部に進出したのであろうと結論づけている。この理論を借りると、北海道、特に道南にビッキ(蛙)・モッケ(赤ん坊)を用いる南津軽の人々やモッケ(蛙)・ビッキ(赤ん坊)を使う北津軽の人々がやって来た結果、こうした複雑な現象が生じたと解釈することで問題は解決する。

津軽海峡はコミュニケーションのなかった陸路よりも、ことばの交通路であったのである。

口が達者、これって褒《ほ》めことば？

全国の大学が学生たちの私語に悩まされるようになったのは、大学の規模や講義室の広さなどにもよるが、一般には昭和四十年頃からだ、といわれている。さまざまな原因の一つにテレビジョンの普及ということがあったように思われる。これは tele（遠く離れたもの）と vision（見る）との合成語であり、家庭の居間を劇場や競技場の観客席に徐々に変えてしまった。

某テレビ局が「楽しくなければテレビじゃない」という路線を打ち出してから、いわゆる漫才やお笑いブームを作ることになり、賑やかなバラエティー番組なども登場するようになった。そうしたテレビと共に育った世代にとって、テレビより面白くもない授業なんかは聞きたくもない、聞いていられるか、といった風潮が起きてしまったようだ。テレビの大衆化に伴い、おしゃべり好きな若者たちが増加したことも確かである。

本来的にわが国は、多くを語らずしゃべらないことを良しとした。先にも触れたが、「男は黙ってサッポロビール」という三船敏郎のキャンペン広告は、まさに一世を風靡した。このことは三船のキャラクターもさることながら、「黙る」という言語行動が、男らしい姿だと好意をもって迎えられ、評価されたことを意味する。特に、深刻で重要な場面では、口をつぐんでことばを発せずに、控え目にするほうが奥ゆかしいと考える文化なのである。その結果、スピーチの下手な、退屈な話をする口べたな人間をつくることになってしまったようである。

ある人曰く、日本人のツーカー性は、頭の回転の早さを意味すると。たとえば、座ったままオイといえば、お茶が出てくる。オイオイといえば灰皿が出る。アレをもってこいといえば、すぐに間に合う。アレは新聞であることもあり、メガネのこともある。

長い間、一つ屋根の下で一緒に暮らしていると、何を必要とし、何を考えているのか、次第に分かってくるようだ。これはことばよりも、行動のほうに観察の重点が置かれるからである。

ひとところ会社から仕事を終え家に帰ってきた亭主が、妻に「飯《めし》」、「風呂」、「寝る」の三語しか話さないことを、「三語族」と称したことも思い出される。

しかし、短絡的ないい方をすれば、饒舌なメディアの影響で時代も変わってしまったようだ。これくらいのことぐらい黙っていてもわかってくれるはずだ、いわなくともきっと誰かがやってくれるはずだ、などと思っていると、たちまち置いてきぼりを喰らったり、人生の落伍者にでもなってしまいそうなのが現実の社会である。

ここでベンコという語を取り上げて具体的に眺めてみることにしよう。これはベンコウ（弁口）の転じたもので、口が達者で、弁舌にたけていることを意味する。室町時代の漢籍などを注釈した講義録（抄物）に多く用いられている。また、ポルトガルの宣教師たちが日本語を学ぶために著した『日葡辞書』にも、

・「ベンコウ　話すことにおいて雄弁であり、多弁であること」

などの解説があり、当時、広く使われていたことがわかる。江戸時代にも、浄瑠璃にことばを上手に言い回すことを、「弁口有《あ》らして」と表現している。まさに褒《ほ》めことばであった。

話しことばの性格が色濃いベンコの古い用例は、東北の文献にもみられない。恐らくは東北を経由して道南の浜ことばに伝えられたのがベンフルであり、その名詞形がベンフリである。これらは主に、ベンコフルナという禁止の形で、うまいことをいうな、見えすいたお世辞をいうな、など口先だけで実意のない相手をたしなめるときに用いる。ちなみに、秋田（鹿角《かづの》方言）のベンフルは、お喋りをする意であり、本来の用法を残しているようである。

また、おしゃべりで多弁な人のことを、浜ことばでベンチャラといい、仙台方言と一致する。語源については、弁口たくみにいうチャラの意で、チャラはでたらめのことをいい、上方語として考えられている。この語をさらに卑俗で野卑にしたいい方がベンチャラヌカスで、江戸の落語、軽口、笑話などを集めた噺《はなし》本に用いられている。これらから口の達者な意を表していたベンコウの語が、時代と共によくない意味に変わっていった姿をみて取ることができるのである。

このことに関連して、道南の浜ことばのリゴーという語はリコウの訛ったものである。この語は漢籍で物言いが巧みであることの意に用い、古くはわが国でも同様に使用している。江戸の始め頃から現代語と同じ意味で、賢いさまや頭のよいさまを著す例がみられるようになる。浜ことばにこの両義が残されているのは、いわば過渡期の現象を受け継いだことを示すものとして注目してよいであろう。

また、リコウは利巧とも利口とも表記され、この両者は音が同じで意味も似ていることから、利巧を利口と混同したのではないか、という考え方もある。

いずれにしても、心の働きのすばやく賢《さと》いことの意を表していたリゴーの語には、抜け目がない、ずる賢い意で、悪意や皮肉が含まれている。また、弁舌がたくみであることは、やはり口先がうまくて実のないことの意味にも使われるのである。

「腰が低い」や「太っ腹」、「顔が広い」などもほめことばにならないこともある。日本語には非難する語は数多くあるが、真のほめことばは少ないようである。極端な例では、京都人が純粋にほめることばは「よろしなあ」ぐらいなものだそうである。

最近、日本ほめる達人協会なるものがあることを知った。そこが主催する「ほめ達」検定に受検者が急増中とのこと。このことはほめることがいかに大切であり、また、難しいものであるかを物語っているのだと思う。

清少納言が生きていたら？

これも昔々のことであるが高校生のときに、先生方をあだ名で呼んでばかりいた。それは代々先輩から受け継がれてきたもので、それぞれの先生の個性や特徴を実に巧みにとらえた傑作ぞろいであった。あるとき広い職員室で緊張したこともあり、呼ばれた教科の先生の苗字を思い出せなくて、困ってしまったことをいまだに覚えている。

いわゆる略語についても長年使っている間に、もとの正式な名称を忘れてしまうものである。たとえば、「割勘《わりかん》」という便利な語も、明治初期の「割前勘定」であったことは意外に知られてはいない。

よく引き合いに出されるのが次に挙げる有名企業や会社の略称である。

・三越・東芝・東宝・鐘紡（上から、三井越後屋　東京芝浦　東京宝塚　鐘ガ淵紡績である）

これらの正式な社名を知らない人も多くなっていることであり、恐らく、フルネームへの記憶の回帰は不可能と思われる。

ひところ、地下鉄の車内に忘れ物をしたとき、電話帳でどのページを調べればよいのか、なかなかわかりにくい、ということが話題になったことがあった。やはり利用した地下鉄の正式な名称が分からないので、電話を掛けようにも番号を探すことができなかったからである。

語形を短縮する場合に原則的なものはないが、国有鉄道を国鉄、卒業論文を卒論（離婚届のことではない）などとするのが一般的で、これを国鉄式と称している。漢字を抜き取ることによる省略法であるが、これにはきまりがないことから、地方によって略称の形が異なることもある。これを大学生の課題「あなたの故郷のことばを紹介してください」からみることにしよう。受けるイメージもかなり違ってくるものもある。

・部活の練習でよく利用する「市民体育館」のことを、函館の学生はミンタイ（民体）といいます。函館以外の地域もほとんどがこのように言うのですが、私の故郷・山形ではシタイ（市体）と言っていました。〈二年・女子学生〉

これは山形だけではなく、関西にも少なくないようである。

岩手県釜石市のように「市民体育館」を「シミンタイ（市民体）」と呼んでいる所もある。さらに、中標津の町民が「チョウタイ（町体）」と呼んでいるのは、「中標津体育館」のことであるという。

「自動車学校」のことを北海道の学生は、「ジガク（自学）」とも「シャコウ（車校）」ともいったりしている。山形出身の学生は「ジシャコウ（自車校）」といっているが、県の中でもさまざまだと思う、と記している。

熱海の人が地方へ出かけて自宅に帰って来ることを「来熱」というが、これはどうもおかしい、といったのは谷崎潤一郎であった。

そこへやって来ることをその地方では何というか、柴田武氏に全国の主な都市について調査した報告がある。北海道や東北を取り出して紹介してみると、旭川＝来旭《きょく》、札幌＝来札、函館＝来函《かん》、青森＝来青、秋田＝来秋などである。その多くは地名の頭の字をとっている。なかには小樽＝来樽、山形＝来形のように頭の字をとらないものもあるが、こちらは少数派である。

また、福島のように来福といえば、福井や福岡と重なることになり、不都合ではないかと思われるが、その土地の人にとっては、さほど不便を感じてはいないようである。なぜならこれらはその地域で用いられる限られた方言だからである。

こうした観点からすれば、大学名は略称であっても全国的なものである。東京大学は東大であり、北海道大学は北大と呼ばれ親しまれている。この二つのために、東北大学は略称を作ろうにも作れなかったという事情がある。北大と関連するが、北海道教育大学はホッキョウダイである。北海道新聞では「道教大」と表記する。略称としては長すぎるが、ほかに省略法はないようだ。

こうした漢字表記よりも、さらに複雑なのが外来語のカタカナで表記される語である。あまりにも煩雑になるので、ここでは少し触れるにとどめたい。

・マクドナルドを関西では「マクド」と省略しますが、函館の人は「マック」と省略するので度々口論になります。絶対「マクド」です。〈三年・男子学生〉

これは函館というよりも、関東のマックと関西のマクドとの対立であり、、かなり以前から指摘されている事実である。関西人（神戸の学生）のとかく譲らない面が表れていて興味深い。

・私は旭川出身ですが、セブンイレブンのことを略して「イレブン」と言います。札幌などの地域では「セブン」と言います。函館に来てイレブンに行こうというと友達にびっくりされました。〈一年・女子学生〉

このような札幌のセブンと旭川のイレブンとの、それほど距離の離れていない間での対立も、十年くらい前からあったように記憶している。今やこの両者はすっかり定着した感がある。これに加えて「セブイレ」というのもあるが少数派である。

さらには、セイコーマートを釧路の学生はセーコマ、イトーヨーカドーを帯広の学生はイトヨーと呼んでいて、道南出身の学生のセコマ（ー）やヨーカドーとは異なる。この春、本社がセコマに決定したことが報じられた。

略語や略称を生み出す有力な発生源になっているいるものに、新聞などの見出しがある。こちらは字数の制限から一字でも少なくすることが強く要求される場である。もうかなり前のこと、東京女子体育短期大学を某新聞社が「東京女体短大」と省略して、話題になったこともあった。

記事を担当する記者は見出しを適切に簡略化するために、四苦八苦しているようである。今後も次々と出現するであろう略称や略語に対して、幅広い年代層に理解されるように、わかりやすい言い方を付け加えたり、略語の適切な長さ（3〜4拍が一般的）など、より配慮と工夫も必要になってくると考えられる。

和語《やまとことば》には比較的に略語が少ないのがその特徴になっている。その中から助詞や助動詞を例に挙げてみることにしよう。まず、助動詞の仮定形ケレを使わずに略して、終止形または連体形で条件を著す「ナイバ」（〜なければの意）という言い方がある。たとえば、「あした上京しなければならない」などというところを「〜しナイバない」「〜しナイバなんない」というのである。これは従来、北海道的な用法であると考えられてきた。しかし、安政四年に山形の鶴岡が舞台となって、薬湯に入る人々の会話や客と遊女との交渉を庄内方言を用いて描いた洒落本（遊里での遊興を主な題材とした小説）の中に、

・「是カラ矢引サ戻ラナイバナラナイ」〈温海《あつみ》土産〉

などのように、その古い例をみることができる。従って、これが道南の浜ことばに伝えられ、主として女性が用いることになったものと思われる。

また、理由の意味「～から」を表す助詞は、全国的にかなりの違いがある。たとえば、青森県でも南部ではシケ、津軽ではハンデが用いられている。シケは江戸時代の京阪のサカイが日本海を北上してサケ→シケのように変化して南部まで来たものである。さらに道南の浜ことばではスケとなって使われている。

一方、ハンデについて、助詞・助動詞研究の第一人者である此島正年氏によれば、津軽から秋田県の一部で用いられているが、全国的にはたぶん他には見当たらない珍しい語である、とのこと。この語は弘前では古くからハデの形で用いられることが多いが、やはり道南に伝えられ浜ことばとして使われるようになる。

程度や限定の意を加えて下に続ける助詞のバカリも、カを略してバリやバシという形で庄内方言の洒落本に用例がみられる。近世の『仙台方言』には「バアリ、バリ。バカリの略なり」と記している。これらのバリ、バシもまた浜ことばとして使われることになる。

こうした助詞や助動詞までもが短縮され省略形が成立する背景は何だったのだろうか。難しい問題であるが、ひとつにはその使用頻度の高かったことが考えられている。

紫式部はあの『源氏物語』を執筆するにあたり、助詞や助動詞のたぐいに至るまで厳密にことばを一つひとつ選んだことは、研究者の諸氏が認めるところである。清少納言もまた言語感覚の敏感な女性であった。『枕草子』のなかに「急にがっかりさせられるものは」として、およそ次のようなことを記している。

・「そのことさせんとす」「いはんとす」「なにとせんとす」というときの「と」の字を略して、ただ「いはむずる」「里へいでんずる」などいえば、たちまちみっともない感じになる。まして手紙に書いたりなどするのは、とんでもないことだ。〈第一九五段〉

これは理不尽に短縮された語は品がないこと、そしてそういう無神経に省略をして平気でいる人たちを批判したものである。彼女が嫌った略語のムズは、平安時代の中頃までの文献ではムトスが優勢である。このことは「と」一文字の差で、品位に相違ができてしまうのだ、という彼女の言語感覚は特殊なものではなかった、ということの証である。

デパ地下、駅ナカ、就活、婚活、保活、育休・イクメン、終活、オートマ車、Dランド、天カメ、朝ドラ、地デジ、マグ女などメディアがはやらせた便利だが、わかりにくく味気ない省略語も巷《ちまた》にあふれている。このような現代社会に、もしも清少納言が生きていたなら、一体どんな感情を抱いたことだろうか。

東西のことばの違い

昨日の前の日である「一昨日」のことを、北海道ではオトトイといったりオトツイといったり、あるいはオッットイともいったりする。はたして、これらにはどんな違いがあるのだろうか。通行の国語辞典の解説をみても答えてはくれない問題である。

まず、時代をさかのぼって文献に現れたものを眺めていくことにしよう。奈良時代の『万葉集』に、次のようにみられる。

・山の峡《かひ》　そことも見えず　一昨日［平登都日］も　昨日も今日も　雪の降れれば〈一三・三九二四〉（山の谷間《たにあい》もどこがそことは見分けがつかない。一昨日も昨日も今日も雪が降っているので）。

右の「一昨日」には漢字の音を利用した万葉仮名で表記されている。［都］はツを表す仮名として用いられているので、これはヲトツヒと読まれている。

この語源も、ヲト（遠）＋ツ（「の」の古形）＋ヒ（日）と解釈されている。

これが平安時代になるとオトツイは姿を消してしまい、オトトイばかりがみられるようになる。

たとえば、『源氏物語』もそうであるが、『枕草子』には次のようにオトトイだけが用いられている。

・よくたきしめたる薫物《たきもの》の、昨日、をととひ、今日などは忘れたるに、ひきあげたるに、煙《けぶり》の残りたるは、ただいまの香《か》よりもめでたし。〈第二三一段〉（充分にたきしめておいた着物で、昨日も一昨日も今日も忘れていたのに、伏籠《ふせご》の着物をとりあげてみたところ、そのときの香りが残っているのは、今たきしめた香りよりも実にすばらしい）。

ここには清少納言の香りに対する繊細な感覚と情趣が感じられることから、高く評価されている章段である。

ちなみに、「一昨日」をこれらとは別の語で表現したものを『枕草子』にみることもできる。

・昨夜《よべ》も、昨夜の夜も、そがあなたの夜も、すべてこのごろ、うちしきり見ゆる人の、今宵いみじからん雨にさはらで来たらんは、……。〈第二九二段〉（昨夜も、その前の夜も、そのまた前の夜も、ずっと近頃、しきりに顔を見せるあの人が、今夜もひどい雨にめげずにやって来るのは）。

右に「昨夜の夜」とあるのはきのうの夜ではなく、「一昨日《オトトイ》の晩」のことを意味している。オトトイノバン→オトトイ→キノウノバン→キノウのように、過去に関しては夜の方が昼よりも先になるのが、本来の日本語のいい方なのである。この用法は岩手、宮城、福島などのところどころに残っている、といわれている。

室町末期の『日葡辞書』にも「Vototoi. ヲトトイ　一昨日」とあり、これが当時の京都で広く用いられていた語であったことがわかる。

江戸初期に京都の俳諧人、安原貞室《やすはらていしつ》が著した『かたこと』は、言葉直しを目的とした書である。そこには次のように記されている。
・おとゝひを　○おとつひ〈巻三・時節〉
これはまず貞室が正しいと認める語形である「おとゝい（ひ）」を示し、それを「おとつい（ひ）」のようにいうのは不適切だというのである。ここからはこれまで使われてきた古めかしいオトトイに対して、新しい言い方としてオトツイが広まりつつあったことが推測される。

事実、江戸末期の大阪ことばの方言集『浪花聞書』には、
・をとつい　一昨日也。江戸でおとゝいとなまる。
などのように解説している。これは大阪では「おとつい」、江戸では訛《なま》って「おとゝい」というとある。この両語の対立は現在の方言分布と何ら変わらない。およそ二〇〇年前に、すでに今と同じような関東（九州も同じ）オトトイと関西（四国・中国を含む）オトツイという地域差があったことが理解される。オトトイが標準語として定着するようになるのは、関東で広く使われていたことによる。

冒頭にあげたオットイは、道南の浜ことばであるが、オトトイの変化した語であろう。この古

い例は多くはなく『東海道中膝栗毛』のなかで、蒲原の山家（片田舎）に住む男の会話にみられるだけである。促音化することで口語性の強い語として、文献には現れにくかったのだろう。
またしても、煩雑な説明になってしまったが、これまで文献を通してみてきたものを便宜上まとめると、京阪では次のような変遷を遂げていることになる。

［奈良時代］　　［平安・室町時代］　　［江戸時代以降］
・オトツイ　→　オトトイ　→　オトツイ

これによれば、オトツイという同じ語形が、オトトイという別の語形を挟んで古い時代と新しい時代に用いられる。「一昨日」の呼び方をめぐっては、歴史上、こうした奇妙な交替現象があったのである。

いわゆる東西文化の対立のカベ＝境界線となっているのは、関東山地から伊吹・鈴鹿山脈に至る中央山岳地帯である。ごく大まかにいえば、長野と岐阜の県境にあたる。これが方言の境界とも一致していることに気づいたことで、各地の方言の問題にも興味や関心が抱かれるようになったのである。ひところは食文化の違いとして、「ソバかうどんか」「新巻鮭か寒ブリか」「豆腐は直方体か立方体か」「味付けは濃いか薄いか」などといわれていたが、人の移動や流通手段の発達した今では、どの程度の対立になっているのであろうか。
たとえば、うどんはツルツルと口に運び、よく噛んでたべなさいということから、ツルツルカメカメで「鶴亀」にあやかり、大変おめでたい食べ物であった。従って、麺文化は東西で分けるべきものではない。おいしいうどんは日本各地にある、という考え方もある。

ここで従来、東と西とで対応するといわれている「食べもの」に関するものを挙げてみることにしよう。

［東］		［西］
・おむすび	—	おにぎり
・なす	—	なすび
・ゆで卵	—	にぬき
・かぶら	—	かぶ
・こぬか	—	ぬか
・お通し	—	付き出し
・すっぱい・すっかい	—	すい・すいい
・しょつぱい	—	からい・しおからい
・ふかす	—	むす
・炊きたて	—	炊けたて
・しるこ	—	ぜんざい
・ぶっかけ	—	かち割り

・こけ・こけら　　――うろこ・うるこ
・アイスコーヒー　――コールコーヒー
・さかな　　　　　――うお
・トーナス　　　　――カボチャ
・きのこ　　　　　――たけ・みみ・こけ・くさびら
・さつまいも　　　――からいも・りゅーきゅーいも

これらの中には不自然に思われる語も混じっていることだろう。ひとくちに東西の対立といっても、歴史的に古いものもあれば、新しいものもある。それぞれの境界線の成立にはさまざまな事情がからんでいて一様ではない。北海道の視点でいえば、内陸部では西日本系の方言が勢力をえていることも従来から指摘されている。明治以降、開拓使や移住などによって伝えられたものも少なくない。最近、油揚げのことを、京都でお揚げさんと称していることを知った。

男の好きな物は、その一生において動物（女性）→植物（植木）→鉱物（陶磁器）の順に変わっていく、といった作家がいる。女の好きなものは、古くから東西で異なるようである。

・関東＝芝居、トーナス、いも、こんにゃく。
・関西＝いも、蛸《たこ》、なんきん（豆）。

おいしそうなものが巷に溢れている今では、これには異議を唱える女性も少なくないと思われるが、どんなものだろうか。

猫派が犬派を超えた

空前のネコブームである。先日、神田神保町で書店巡りをして、ネコに関する書籍のコーナーが設けられているのにはいささか驚いてしまった。本が売れなくなってしまった時代にである。そもそも、日本人はいつ頃から猫と暮らし始めるようになったのか、正確にはわからない。一般的には社会性や実用性では犬のほうがすぐれているが、文学的には猫がより多く取り上げられ、話題も豊富である。

奈良時代の文献には、猫の記述はないようである。犬のほうは『万葉集』に真《ま》澄《そ》鏡（よく澄んで、はっきり映る鏡）を「喚犬《マ》追馬《そ》鏡」〈一三・三三二四〉やこれを略して「犬《マ》馬《そ》鏡」〈一一・二八一〇〉などと戯れに書いている。このことから犬を喚ぶときには「マ」とよんでいたこと、つまり、万葉の人々は犬を飼っていたことがわかる。「どら猫」とはいっても、「どら犬」とは言わないのは、日本人は犬と長い間、生活を共にしてきたからである、と説明する人もいるが、はたしてどうなのであろうか。

猫については仏教伝来の際、大切な経典を船中のネズミから守るために、中国から連れて来たのが最初である、という説もある。

平安時代の貴族社会では、唐猫が愛翫《あいがん》されたことが『枕草子』にしばしば描かれている。

・うへにさぶらふ御猫は、かうぶりにて命婦のおとどとて、いみじうをかしければかしづかせ給ふが、……〈第九段〉（天皇のおそばにお仕えしている御猫は、五位の位をいただいて、その名も「命婦のおとど」と呼んで、とてもかわいらしいので、ご寵愛になっているが）。

これは当時、猫と犬との待遇の差異がわかる章段になっている。この続きをもう少し紹介してみよう。殿上で飼われるために官位と名を授けられていた猫が縁側に出て寝そべっていた。これをみた飼育係の乳母は呼んでみたが、いうことを聞かない。そこでおどろかそうとして宮中の庭で飼われていた犬をけしかけたところ、猫はおびえて簾の中に駆け込み、一条天皇の懐に入れられて震えていた。犬は鞭で打たれすぐに犬島という所に流され、係の乳母も謹慎してしまった、というのである。ひと言つけ加えるなら、ここで作者は猫よりも犬に同情を示しているとする見方もある。

また、「うつくしきもの」（愛らしいもの）の章段では、飼っている雀の子にチュウ、チュウとネズミの鳴き真似をすると、踊るようにはねて来るのもかわいらしい、と記している。これらから殿上に猫を上げて飼っていたことがわかる。それはネズミ対策であったのだろうか。

『源氏物語』では、唐猫が光源氏の正妻である女三宮《おんなさんのみや》と頭中将の息子柏木《かしわぎ》との悲劇的な愛＝密通への展開に、心憎いほど重要な役割を果たしている。春三月、六条院での蹴鞠《けまり》の折、唐猫が飛び出したためにその綱で簾がまくれ上がってしまい、可憐な女三宮の美しい姿が柏木の目に焼き付いてしまう場面である。このことがあって、やがて薫出生に至る深刻な事態を引き起こすことになる。

柏木はやっと手に入れた女三宮の猫を、朝に夕に撫でて可愛がった。「ねうねう」という猫の鳴き声が初めて表現として登場するのも「若菜下」の巻である。ちなみに「ねう」は今日のニャオに近い音であるが、「寝よう」の意を含んだものという。

また、『更級日記』にも作者の姉が夢にみた、侍従大納言（藤原行成《ゆきなり》）の姫君の生まれ変わりだといって現れた猫を可愛がる場面がある。女性がネコに生まれ変わったというのである。ここから猫は神秘的な力を宿した動物である、という当時の人々の意識がうかがえるとする考え方に注目しておくことにしよう。平安末期の『今昔物語集』などの説話に登場する猫は、恐怖の対象として描かれることになるからである。

ここでネコの呼称と表記についてふれてみよう。現存最古の百科事典としての性格をもつ『和名抄』に「猫　祢古麻《(ネコマ)》」とあるところから、これがネコの古名であったとする考えもあるが、別名とするのが穏当なようである。ネコが一般化してからは、ネコマのほうは次第に用いられなくなり、氏姓や地名などの固有名詞にあとを留めている。

また、奈良薬師寺の僧景戒が撰述した現存最古の仏教説話集が『日本霊異記』である。そこには「狸　祢古《ネコ》」のように、「狸」をネコと読んでいる。つまり、本来は中国の表記の影響でネコは「狸」と書かれたが、「猫」の字ができてからもしばらくは混同が続くことになる。

「猫」字が造られた背景には、農業におけるネズミ捕りの需要が高まったことで、漢字の旁《つくり》に「苗」をもった「猫」字が採用されることになった、という説もある。それはともかく、ネコが庶民に飼われるようになり、生活に深く関わっていくにしたがって、「狸」字は野猫（野生の猫）からタヌキを表すようになる。一方、「猫」の字は家で飼われているネコだけではなく、広くネコ一般を表し、両字に区別が付けられるようになったものと考えられる。

東北におけるネコの別称は福島の「ニャーニャー」系や「ニャンコ」系などを除けば、おおむね「チャ」系と「チョ」系にまとめることができそうである。北海道に伝えられたネコの呼び名はチャッペである。これは津軽、秋田（南部）などと一致する。

津軽最古の方言集である『俚俗方言訓解』には、「猫を　ちゃぺと云」とある。恐らくはこれが本来の形であり、促音「ッ」はあとで挿入されたのではないだろうか。たとえば、「川縁」をカワップチ、「青洟」をアオッパナと言う促音の挿入現象は関東に多いようである。

チャペの語は共通語のネコに対して、これを呼ぶときの親しみを込めた愛称であり、チャは舌打ちに近い発音であった、と考えられている。従って、野良猫などには用いない。

また、菅江真澄の秋田（湯沢市岩崎）における紀行文『小野のふるさと』には、女が「ちゃこちゃこ」と呼ぶので猫かと思ったら、古井戸の「ひきがえる」であったと記している。その注に、みちのくでは猫を「たこ」と呼ぶとあるが、これは真澄の聞き誤りではないだろうか。ネコを夕コという地方はなさそうである。


ネコの語源については、いつ見ても寝ているから「寝子《ネコ》」だ、というのを始めとして諸説があり一定しない。江戸の儒者であった貝原益軒は、語源辞書の『日本釈名』に「ネはネズミの意。コはコノ（好）ムの義」と記している。この当否は別にして、古くから「ネコに会ったネズミ」、「ネコに追われたネズミ」、「ネコの前のネズミ」などのようにいわれてきた。ネズミにとってネコはまさしく天敵なのである。

ただ、飼い猫はネズミを捕らなくなった、ともいわれている。それは肉などの贅沢な食べ物を与えることに原因がありそうである。

北海道新聞（平成二十八年一月二十六日・夕刊）に「海鳥繁殖地にドブネズミ」という少しばかりショッキングな見出しが載っていた。海鳥の楽園として知られる留萌管内の手売島で、絶滅危惧種のウミスズメやケイマフリなどを襲う恐れのあるドブネズミが海鳥繁殖地に生息していることが環境省の調査で分かったというのである。

島では海鳥保護を目的に、野良猫を減らす捕獲事業を進めてきたところ、ドブネズミによる畑の作物や漁具を荒らす被害が急増しているという。

こうした猫の捕獲とネズミの大量発生との因果関係については、歴史的にみても難しいようである。

しかし、石巻市の沖二十余キロの太平洋に浮かぶ田代島は、住民よりネコの数が多い「ネコの島」として知られていた。ここでは昔、養蚕が盛んでネズミから繭《まゆ》を守るために猫を飼育してきたのだという。東日本の震災後もマスコミやインターネットを通して人気が高まり、外国からの観光客も多く訪れるようになったとのこと。その経済効果などによって、島民を震災から救うことになったようである。まさに人を招く猫神社の御利益というものなのだろう。

猫神神社といえば鹿児島の仙巌園《せんがんえん》にあることを家に帰ってからパンフレットで知った。ここは薩摩藩主島津家の別邸で、磯庭園として親しまれている名勝である。観光バスのコースにも入っていたのだが、あまりにも広大であり見落としてしまったのだ。秀吉の朝鮮出兵の際に、猫を連れて行きその目の瞳孔の開き具合によって時刻を推測したのだという。そのとき生還した二匹の猫の霊が祀られているという。　余計なことであるが、犬神社というのはあるのだろうか。

ヨーロッパを旅していて、特に中世の面影を残している街並みをみて不思議に思うことがある。家と家とがくっついていて、すき間がない状態で建てられている。現地のガイド嬢の説明によれば、これはネズミの通り路を塞ぐための工夫であったとのこと。

ルネサンスが始まろうとしていた十四世紀の中頃、ペスト（黒死病）が大流行し、ヨーロッパを恐怖に陥れた。このことについてはネコ退治に起因するという説がある。先にも触れたように、わが国ではネコは神秘的な力を宿した動物として恐れられた時期があった。キリスト教下のヨーロッパでもネコは不可思議な生き物として警戒され、やがては魔女の使いとみなされて虐殺されることになったのである。天敵がいなくなったので、ネズミが大量に発生したのが原因であった、という。

当時は、ペストという病気がネズミの蚤を介して人間に伝染することをまだ理解できなかった。そのためネコにとっても受難の時代があったのである。

イヌについてはほとんど触れることがなかったが、最後に一つだけ記しておくことにしよう。犬の可愛がられるノウハウは、喜怒哀楽の表現方法にある、と主張する人がいる。喜びは大袈裟に、怒りは短く、哀しみは静かに、楽しさは無邪気に表す。

価値観の多様化したあまりにも複雑化した現代に生かされている我々人間も学ぶべきところがありそうである。

あとがき

北海道がもっと元気になるために、ことばを通して北海道のすばらしさを私なりに掘り起こしてみたいと思い、本書の原稿を書き綴ってみた。その営みの間、ずっと考え続けていたことがある。それはことばというものが、すっかり軽いものになってしまったのではないだろうかということである。

福島での原発事故により「安全、安心」ということばが崩壊してしまった。今度は大企業の不正により「信用、信頼」ということばも失墜してしまった。さらには、政治家の相次ぐ「暴言、失言」も、発言を撤回することで、いとも簡単に事が済まされるようになった。

かつて、この国にはことばには霊力が宿ると信じられていた「言霊《ことだま》」信仰があり、降っては「武士に二言はない」という信義が重んじられていた。しかし、ことばに責任をもたせない風潮が進んでしまったようである。ことばが信じられなくなったとすれば、一体何を信じればよいのだろうか。

人生には何度か岐路に立たされ、どちらに進もうかという選択を迫られるときがある。国家も同じことで七十年もの間、平和主義を尊重してきたが、今や曲がり角にさしかかったのではないかという懸念が生じてきたように思われる。

「沖縄・辺野古から見える日本」という北海道新聞の記事（平成二十七年十二月六日　朝刊）を読んでなるほどと考えさせられてしまった。ある沖縄県民は次のように語っている。「国策でこうと決めれば、地元を無視して強行する。例えば北海道が候補地になるかもしれない核のごみの処分場だって同じことです」と。

このことは函館市が抱えている大きな問題にも関わってくる。大間に建設中の原発は、制御上の難点が専門家によって指摘されているうえ、核燃料サイクルの展望も見通せないままであるという。その大間とは最短で約二十キロしか離れていない。近年の調査では、津軽海峡にも活断層のあることが分かってきたという。あの福島の事故を勘案すると、有事には甚大な被害が及ぶのは明白である。しかし、函館は周辺自治体と位置づけられ、同意など必要とする対象からはずされてしまった。函館市は訴訟を起こしたが、これまで国側は「函館市に建設差し止めなどを求める資格はない」として訴えを却下している。（東京地裁はこの判断を保留中である）。

そもそも国家とは何なのであろうか。専門家ではないので詳しいことはよく分からない。官邸のある大都市を国家の中心とするのなら、これまで食料やエネルギーの大部分は地方に依存するかたちで初めて成り立ってきたという歴史がある。まさに地方あっての国のはずである。その地方には発言権がないのだという。そうなると「地方創生」ということばも虚しいものとなってしまう。

勿論、経済的な成長も大事であるが、これ以上、子孫に負の遺産を押しつけてしまっていいのだろうか。美しいふるさとの自然をそのままの姿で次世代にバトンタッチしたい、ただそれだけを実現したいと願っている。

「あとがき」らしくない文面になってしまった。長年、学生と共にことばの職能や本質について追究してきた者として、不断の思いの一端をここに綴ってみることにした。

人文学の道を、もう少しとぼとぼと歩き続けることになりそうである。

北海道のことばから〝道民性〟なるものも探ってみたいと考えている。

本書の出版に際しては、文献の検索や複写などで函館校の学術情報グループの職員に、多大なご支援をいただいた。また、畏友山崎正吉特任教授には今回も、パソコンデータの操作や管理などでお世話になった。ともに記して篤く感謝申し上げる。

最後になってしまったが、無明舎出版の方々、そして種々の便宜をはかってくださった舎主の安倍甲氏には、心から謝意を表する次第である。

平成二十八年　陽春

著　者

【参考文献】

本書を執筆するにあたり、数多くの先学の研究成果に学んだが、本論ではことわらなかったところも少なくはない。ここに参考にした主なものを掲げる。(発行年月は便宜上、年号に統一した)。

・阿久悠「普段着のファミリー」(『人生の落第坊主』所収　文藝春秋　平成十九年七月)
・浅野健二『仙台方言辞典』(東京堂出版　昭和六十年七月)
・五十嵐三郎『国語文集』(学芸図書　昭和五十七年三月)
・五十嵐三郎監修『ほっかいどう語』(北海道新聞社　昭和四十五年六月)
・池田弥三郎『言語のフォークロア』(桜楓社　昭和五十年九月)
・イザヤ・ベンダサン『日本人とユダヤ人』(文藝春秋　平成九年十月)
・石垣福雄『北海道方言辞典』(北海道新聞社　昭和五十八年八月)
・石垣福雄『日本語と北海道方言』(北海道新聞社　昭和五十一年三月)
・板坂元「表現からみた日本文化」(日本語講座4『日本語の語彙と表現』所収　大修館書店　昭和五十一年十二月)
・井上史雄『日本語ウォッチング』(岩波書店　平成十年一月)
・岩淵悦太郎『語源散策』(毎日新聞社　昭和四十九年十月)
・遠藤織枝『気になる言葉』(南雲堂　昭和五十二年五月)
・遠藤周作『勇気ある言葉』(集英社　平成九年二月)
・大石圭一『コンブ』(北海道テレビ放送　昭和六十三年十月)
・大里武八郎『鹿角方言考』(同刊行会　昭和二十八年六月)
・大野晋『日本語の世界』(朝日新聞社　昭和五十三年五月)
・岡一男『源氏物語事典』(春秋社　昭和三十九年十二月)

・岡崎義恵『源氏物語の美』（宝文館　昭和三十五年七月）
・加賀栄治「昆布とは何か」（『語学文学10』所収　昭和四十七年二月）
・加藤昌男『テレビの日本語』（岩波書店　平成十四年七月）
・加藤正信ほか編『方言に生きる古語』（南雲堂　昭和六十三年八月）
・川崎洋『方言再考』（草思社　昭和五十六年五月）
・川崎洋『日本の遊び歌』（新潮社　平成六年九月）
・木之下正雄『平安女流文学のことば』（至文堂　昭和四十五年十一月）
・京須偕充『とっておきの東京ことば』（文藝春秋　平成十八年六月）
・金田一春彦『ことばの四季』（教育出版　昭和六十一年五月）
・金田一春彦ほか編『日本語百科大事典』（大修館書店　昭和六十三年五月）
・見坊豪紀ほか編『ことばのくずかご　84〜86・88・89年版』（筑摩書房）
・此島正年『青森県の方言』（津軽書房　昭和四十三年十二月）
・此島正年『国語助動詞の研究』（桜楓社　昭和四十一年三月）
・小林隆『方言が明かす日本語の歴史』（岩波書店　平成十八年二月）
・小林隆ほか『ものの言いかた西東』（岩波書店　平成十六年八月）
・小林好日『方言語彙学的研究』（岩波書店　昭和二十五年十一月）
・佐竹昭広「意味の変遷」（『岩波講座　日本語9　語彙と意味』所収　岩波書店　昭和五十二年六月）
・佐竹昭広『万葉集抜書』（岩波書店　昭和五十五年五月）
・佐藤喜代治『国語語彙の歴史的研究』（明治書院　昭和四十六年十一月）
・佐藤喜代治編『講座日本語の語彙　語誌Ⅰ〜Ⅲ』（明治書院　昭和五十八年一月〜六月）
・佐藤武義『日本語の語源』（明治書院　平成十五年一月）
・佐藤亨「唾の語誌―言語地理学資料との相関―」（『現代方言学の課題3』所収　明治書院　昭和五十九年六月）
・佐藤亮一『生きている日本の方言』（新日本出版社

平成十三年六月）
・塩田丸男『死語読本』（白水社　平成六年七月）
・『時代別国語大辞典　上代編』（三省堂　昭和四十二年十二月）
・『同　右　室町時代編1～5』（三省堂　昭和六十年三月～平成十三年一月）
・柴田武『方言の世界』（平凡社　昭和五十三年一月）
・柴田武『日本語はおもしろい』（岩波書店　平成七年一月）
・寿岳章子『日本語と女』（岩波書店　昭和五十四年十月）
・城生佰太郎『当節おもしろ言語学』（講談社　平成元年四月）
・杉本つとむ『生活のことば語源読本』（雄山閣　昭和五十二年八月）
・鈴木孝夫『閉された言語・日本語の世界』（新潮社　昭和五十年三月）
・高遠弘美「風呂とフランス人」（『ネクタイと江戸前』所収　文藝春秋　平成二十二年九月）
・田中章夫『日本語スケッチ帳』（岩波書店　平成十六年四月）
・田中章夫『日本語雑記帳』（岩波書店　平成十四年二月）
・田中貴子『猫の古典文学誌』（講談社　平成二十六年十月）
・常光徹『しぐさの民俗学』（ミネルヴァ書房　平成十八年九月）
・土井忠生ほか編訳『邦訳日葡辞書』（岩波書店　昭和五十五年五月）
・徳川宗賢編『上方ことばの世界』（武蔵野書院　昭和六十年十一月）
・中田祝夫編『古語大辞典』（小学館　昭和五十八年十二月）
・長尾勇「蛞蝓考」（『国語学23』所収　武蔵野書院　昭和三十三年三月）
・長尾勇「五味考―味覚用語の変遷と分布―」（『語文55』所収　昭和五十七年七月）
・中野洋「流行歌の語彙」（『講座日本語の語彙7　現代の語彙』所収　明治書院　昭和五十七年十一月）
・中山正和『創造力の伸ばし方』（ＰＨＰ研究所　昭和六十三年八月）
・夏井邦男『北海道語に残る古語』（北海道出版企画センター　平成十九年十月）
・『日本国語大辞典　第二版　1～13』（小学館　平成

十二年二月～十四年一月）
・芳賀綏「日本人の思考と表現」（『日本語と文化・社会3』所収　三省堂　昭和五十二年七月）
・『北海道大百科事典　上・下巻』（北海道新聞社　昭和五十六年八月）
・堀井令以知『はたらく女性のことば』（明治書院　平成四年七月）
・前田富祺「〝髭尽し〟をめぐって」（『国語語彙史の研究20』所収　和泉書院　平成十三年三月）
・前田富祺『国語語彙史研究』（明治書院　昭和六十年十月）
・松木明『弘前語彙』（同刊行会　昭和五十七年二月）
・松木明「ビッキとモッケ」（『中津軽郡に於ける動物語彙』所収　昭和三十一年五月）
・松木明『続津軽の文化誌』（津軽書房　平成七年五月）
・丸谷才一「雨ぎらひ」（『達磨の縄跳び』所収　文藝春秋　平成九年十二月）
・森下喜一『標準語引東北地方方言辞典』（桜楓社　昭和六十二年五月）
・森本哲郎『日本語　根ほり葉ほり』（新潮社　平成七年二月）
・『森町まち歩きガイド　もりまち』（森観光協会　平成二十五年度版）
・谷沢永一『知らない日本語』（幻冬舎　平成十五年五月）
・吉田金彦『ことばのカルテ』（三省堂　昭和四十二年十一月）
・米川明彦『女子大生からみた老人語辞典』（文理閣　平成七年十一月）

［ヨ］

［ラ］

［リ］

［レ］

［ロ］

［ワ］

［ヲ］

［カ］

［キ］

【主要語句索引】

［凡例］本書で扱った語句の主なものを五十音順にあげ、その所載のページを示した。（　）内には相当する漢字、［　］内には補足をそれぞれ加えた。

著者略歴

夏井　邦男（なつい　くにお）

昭和17年５月、函館市生まれ。國學院大學博士課程修了。昭和48年５月から平成20年３月まで北海道教育大学函館校で教鞭を執る。同年４月より北海道教育大学名誉教授。昭和53年４月、函館市の女性グループが「古典講座」を開設、その講師を担当。56年５月から『源氏物語』全54帖の原文（宮内庁書陵部蔵・青表紙本）を30年かけて講読・鑑賞した。
現在、再び『源氏物語』に取り組み、「葵」の巻を鑑賞中。

主要著書
『北海道方言の歴史的研究』（おうふう）
『北海道語に残る古語』（北海道出版企画センター）
『北海道「古語」探訪』（無明舎出版）などがある。

北海道「古語」伝承
定価〔一五〇〇円＋税〕

二〇一六年六月十日　初版発行

著　者　夏　井　邦　男
発行者　安　倍　　甲
発行所　㈲無明舎出版
秋田市広面字川崎一一二―一
電　話／(〇一八)八三二―五六八〇
ＦＡＸ／(〇一八)八三二―五一三七
製版　㈲ぷりんてぃあ第二
印刷・製本　シナノ

ISBN978-4-89544-615-0

夏井邦男著
北海道「古語」探訪
四六判・二〇〇頁
本作一七〇〇円＋税

歴史の浅い北海道にも古いことばは、ある！　全国から流れついた方言のルツボの中で、生き残った北海道語のルーツと謎を解き明かす！

伊藤孝博著
北海道「海」の人国記
四六判・五七六頁
本作二八〇〇円＋税

海を渡って新天地の開拓に夢を馳せた江戸から明治にかけてのパイオニアたち七〇余名の人物像を徹底取材。文献資料を渉猟し、現地を取材し、読みやすい文章にまとめた、一〇〇〇枚を超す力作人物伝。

木村裕俊／訳　松前景廣／著
新羅之記録［現代語訳］
A５判・一三二頁
本作一七〇〇円＋税

別名「松前国記録」といわれ、松前家の家史として初代松前藩主の六男の手によって編まれた北海道史最古の文献。中世～近世初頭の北海道を知るうえで欠かせない重要史料の初の現代語訳。

金子俊隆著
あきた方言古代探訪
四六判・二八一頁
本作一八〇〇円＋税

秋田の方言は「大和ことば」がなまったもの？　それとも縄文の末裔（蝦夷やアイヌ）につながる歴史の風雪にたえた言葉なの？　方言をめぐる旅。

秋田県教育委員会編
秋田のことば
A５判・一〇〇〇頁
本作二八〇〇円＋税

秋田県教育委員会が独自の文化事業として三年三カ月の調査期間をかけて編んだ方言辞典！　収録語数八三九九語！　21世紀に渡す文化遺産。